Rose Marie Donhauser

Trennkost mit ALDI

Preiswert zu Schlankheit und Wohlbefinden.
Rezepte nach Dr. Hay

D1858942

südwest

Gut für jede Verbindung: Reis lässt sich leicht mit allen Arten von Gemüse kombinieren.

Inhalt

Gemüse und Obst sind bei ALDI immer frisch und sehen appetitlich aus.

Trennkost und ALDI – die Erfolgsmischung

Buchstäblich in aller Munde ist die neue (alte) Trennkost, eine Ernährungsweise, bei der man die Nahrungsmittel nach bestimmten Kriterien trennt. Sicherlich haben Sie schon das eine oder andere darüber gehört. In diesem Buch sind jedoch zwei ganz erfolgreiche Konzepte miteinander kombiniert: Die »trendy Trennkost« und das Einkaufen bei ALDI. Wir stellen Ihnen Rezepte vor, für die Sie alle Zutaten in Ihrer nächsten ALDI-Filiale bekommen. Sie müssen also nicht mehr in verschiedene Geschäfte rennen, sondern können mit dem Taschenbuch unter dem Arm entspannt einkaufen. Sie sparen nicht nur Nerven, sondern auch Geld. Zusätzlich erfahren Sie auf den nächsten Seiten alles Wissenswerte über die Trennkost.

Die Trennkost geht auf den amerikanischen Arzt Dr. Hay zurück, der seine ernährungswissenschaftlichen Erkenntnisse bereits in den dreißiger Jahren veröffentlichte.

Dr. Hay, der Begründer der Trennkost

»Not macht erfinderisch« – dieses Sprichwort trifft auf Dr. Howard Hay und seine Entdeckung der Trennkost zu. Er litt Anfang des 20. Jahrhunderts an einer damals als unheilbar geltenden Krankheit, der Brightschen Nierenerkrankung. Um ein Heilmittel zu finden, beschäftigte er sich zunehmend mit der Ernährung.

Dabei stellte er in wissenschaftlichen Studien, medizinischen Schriften und Statistiken fest, dass die breite Bevölkerung in den Industrienationen an so genannten Zivilisationskrankheiten leidet, die von Verstopfung, Magengeschwüren und Stoffwechselkrankheiten bis hin zu Gallensteinen, Gicht und anderen rheumatischen

Bei ALDI bekommen Sie alles, um eine Ernährung nach den Trennkost-regeln erfolgreich durchzuführen.

Erkrankungen reichen. Dagegen waren bei »unzivilisierten« Völkern wie in Afrika oder Indien keine dieser Krankheiten zu beobachten. Die Lebensform und die natürliche Ernährungsweise waren der Grund für deren Gesundheit. Dr. Hay befand sich also auf der richtigen Spur, Krankheit und Ernährung in direkten Zusammenhang zu stellen.

Das Konzept funktioniert

Dr. Hay beschäftigte sich mit den körpereigenen Heilkräften bestimmter Völker im Himalaya, die ausschließlich naturbelassene Nahrungsmittel zu sich nahmen.

Dr. Hay stellte in Hinblick auf seine Krankheit und mit Hilfe seines medizinischen Wissens seine Ernährung radikal um. Er fand Bestätigung darin, dass sich durch gezielt naturbelassene Nahrungsmittel Krankheiten verhindern und sogar bereits ausgebrochene, wie in seinem Fall, erfolgreich behandeln lassen. Sein Credo war: »Zurück zur Natur«, und das hieß vor allem: weg von denaturierten Lebensmitteln.

Die erste Stufe zum Wohlbefinden

Alle natürlichen Lebensmittel, die bearbeitet und dadurch verändert werden, sind denaturierte Lebensmittel. Sie werden beim Verzehr in einem veränderten Zustand aufgenommen. Sie verfügen kaum noch über einen natürlichen Nährwert, es sind »leere« Lebensmittel, die uns nur vorübergehend satt machen. Vitamine, Ballaststoffe und Mineralstoffe sind verloren gegangen. Der Körper meldet sich sehr schnell wieder mit Appetit, da er nur ungenügend zufrieden gestellt wurde. Der wichtigste Grundsatz der Trennkost heißt deshalb: Alle Lebensmittel, die be- oder verarbeitet worden sind, also alle Fertigprodukte und Nahrungsmittel in Dosen, sind grundsätzlich zu meiden. Richtiges Essen und Trinken stärkt unsere Abwehrkräfte und schützt uns so vor Krankheiten.

- Unnatürliche Lebensmittel sind veränderte Gemüseprodukte, Getreideerzeugnisse mit niedrigen Ausmahlungsgraden, alle Lebensmittelprodukte mit Zusatzstoffen, raffinierte Stärke und Zucker, eingemachtes Obst und Gelees.
- Natürliche Lebensmittel sind Obst, Gemüse, Salate und alle Vollkornprodukte.

Es ist nicht schwer, sich vernünftig und ausgewogen zu ernähren. Sie werden sehen: Ihr Wohlbefinden wird sich merklich steigern.

Natürliche Ernährung

Wir wissen mittlerweile alle, was gesund und was nicht gesund ist. Dennoch nehmen wir bedenkenlos zu fettes, denaturiertes Essen in zu großen Portionen und zu unregelmäßigen Zeiten zu uns. Wir wissen, dass wir unsere Gesundheit beeinträchtigen, aber ändern wollen wir es nicht. Viele schreckt die Vorstellung, sich mit gesundem Essen kasteien zu müssen. Wir wollen schließlich genießen und lieben es, uns mit Essen zu belohnen. Am Ende der Mahlzeit aber jammern wir wieder über unser Gewicht, klagen über Unwohlsein, verlangen nach einem Verdauungsschnaps und geloben Besserung. Dabei wäre es so einfach, unserem Körper Gutes zu tun. Regelmäßige Mahlzeiten mit natürlichen Lebensmitteln steigern unsere Leistungsfähigkeit und unser Wohlbefinden – auf Genuss muss deswegen nicht verzichtet werden.

Nährstoffe richtig kombinieren

Unsere Nahrung setzt sich hauptsächlich aus Eiweiß, Fett, Kohlenhydraten sowie in kleineren Mengen aus Vitaminen und Mineralien zusammen. Dr. Hay trennt die Nahrung nach Eiweiß (E) und Kohlenhydraten (K) und kombiniert diese mit neutralen Lebensmitteln (N). Eiweiß und Kohlenhydrate dürfen nicht miteinander verzehrt werden.

Laut Dr. Hay kann unser Körper diese Nährstoffe nicht gleichzeitig verdauen. Das chemische Gleichgewicht ist dabei nicht mehr gegeben, der Körper übersäuert. Ein Beispiel: Nudeln und Fleisch behindern sich gegenseitig beim Verdauungsvorgang. Beim Kauen der Nudeln spaltet das im Speichel enthaltene Enzym Ptyalin die Kohlenhydrate auf. Essen Sie nun dazu Eiweiß in Form von Fleisch, wird die Aufspaltung der Kohlenhydrate durch das Enzym gestört. Die Kohlenhydrate können nicht gespalten werden und liegen zusammen mit dem Eiweiß unverdaut im Magen. Der unvollständig verarbeitete Speisebrei meldet sich im Darm mit Blähungen, Gärungen und führt vor allem zu einer Übersäuerung, was sich in Form von unangenehmem Sodbrennen zeigt.

Laut Dr. Hay kann der Magen nicht gleichzeitig Säuren und Basen bilden, so wenig wie ein Zimmer gleichzeitig hell und dunkel sein kann.

Getrennt genießen

Sobald sich das chemische Gleichgewicht durch den getrennten Verzehr von Eiweiß und Kohlenhydraten wieder eingestellt hat, bedankt sich Ihr Körper in mehrfacher Weise: Ihr allgemeines Wohlbefinden steigt, Ihre geistige und körperliche Leistungsfähigkeit nimmt zu, kleinere Krankheiten lassen sich kurieren, und was Dr. Hay eigentlich gar nicht beabsichtigte, sondern sich als Nebeneffekt ergab: Sie nehmen ab.

Schlank und topfit mit der Grundregel

Der Verzehr von denaturierten Lebensmitteln führt zu einer schädlichen Übersäuerung des Körpers. Sobald Sie die Grundregel von Dr. Hay befolgen und keine denaturierten Lebensmittel zu sich nehmen, verlieren Sie automatisch an Gewicht und fühlen sich besser. Veränderte Lebensmittel sind nämlich die eigentlichen Dickmacher, angefangen bei Schokolade, Fertigmahlzeiten und raffinierten Produkten. Sie werden sehen, wie radikal sich Ihr Speiseplan nur durch Einhalten dieser Grundregel ändert.

Durch die Trennkost wird die Verdauung reguliert und arbeitet gründlicher und effektiver. Das bewirkt, dass Sie ohne Kalorienzählen an Gewicht verlieren.

Von Säuren und Basen

Alle natürlichen Lebensmittel können Sie bedenkenlos essen, Sie müssen nur das Trennungsprinzip von Dr. Hay beachten. Er teilt die Lebensmittel in Säure und Basen bildende Lebensmittel ein. Zu den Säure bildenden Lebensmitteln gehören Eier, Brot, Fisch, Fleisch und Käse, die auf unserem täglichen Speiseplan nicht mehr als 20 Prozent ausmachen sollten. Dagegen sollten wir von den Basen bildenden Nahrungsmitteln wie Gemüse, Salate und Früchte etwa 80 Prozent zu uns nehmen.

In unserem Stoffwechsel werden die zugeführten Lebensmittel verwertet. Bei der Zufuhr von zu viel Säure bildenden Lebensmitteln kann unser Körper übersäu-

Brot und Quark gehören zu den schwach säuernden Nahrungsmitteln und dürfen deshalb zusammen verzehrt werden. Allerdings sollten sie nur zu einem kleinen Anteil auf dem Speiseplan stehen, da der Körper weitaus mehr basische Lebensmittel benötigt.

Auf die richtige Kombination kommt es an: Im Prinzip könne Sie alle naturbelassenen Lebensmittel essen, sie müssen nur nach Eiweiß und Kohlenhydraten getrennt werden.

Fazit

Die Haysche Trennkost basiert auf dem Trennen von Eiweiß und Kohlenhydraten, kombiniert mit neutralen Lebensmitteln. Doch Vorsicht: Das optimale Verhältnis von Säure und Basen bildenden Lebensmitteln beträgt etwa 20:80 Prozent.

- Sehr stark Säure bildende Lebensmittel sind Eier, Käse, Fisch, Fleisch und Süßwaren.
- Mittel bis schwach Säure bildende Lebensmittel sind Vollkornprodukte, Sahne, Quark und Nüsse.
- Sehr stark Basen bildende Lebensmittel sind Kartoffeln, frisches Gemüse und Obst sowie Salate.
- Mittel bis schwach Basen bildende Lebensmittel sind Pilze, Milch und Trockenobst.

ert werden. D.h. im Klartext, dass der Körper mit dem Zuviel an Säureendprodukten und Giften mit der Verdauung nicht mehr fertig wird. Der Organismus gerät aus dem Gleichgewicht, und es kann zu Gewichtsveränderungen und verschiedenen Erkrankungen kommen. Es ist grundsätzlich nicht möglich, Eiweiß und Kohlenhydrate komplett zu trennen. Man kann die Nahrungsmittel nur in überwiegend eiweißhaltige und kohlenhydratreiche Lebensmittel trennen, die dann mit neutralen Lebensmitteln kombiniert werden. In der Praxis sieht das dann beispielsweise so aus, dass Fisch (E) mit Gemüsen und/oder Salaten (N) und Nudeln (K) mit Salaten (N, siehe Randspalte) zubereitet werden.

Im folgenden Rezepteteil sind neutrale Gerichte mit n gekennzeichnet, eiweißreiche Gerichte mit e und kohlenhydratreiche Mahlzeiten mit k.

Die tägliche Trennkost

▸ **Frühstück:** Den Tag sollten Sie mit einem Eiweiß- oder einem Kohlenhydratfrühstück beginnen. Nehmen Sie jedoch maximal drei Eiweißfrühstücke pro Woche zu sich, damit das Verhältnis von 20 Prozent Säure bildenden zu 80 Prozent Basen bildenden Lebensmitteln bestehen bleibt.

- **Zwischenmahlzeit:** Hier eignen sich Gemüse, Früchte und Quark oder Joghurt. Zwischen den Mahlzeiten sollten etwa drei bis vier Stunden liegen.
- **Mittagessen:** Die Eiweißmahlzeit sollte überwiegend mittags eingenommen werden, da es wissenschaftlich erwiesen ist, dass Eiweiß am Abend schlechter verdaut werden kann.
- **Abendessen:** Am Abend sollte die Kohlenhydratmahlzeit eingenommen werden.

Mit Hilfe der neuen Trennkost können Sie Ihr Wohlfühlgewicht erreichen und auch halten, ohne sich kasteien zu müssen.

Trennkost als Diät?

Diät bedeutet eine Ernährungsform, die kurzfristig oder ein Leben lang bewusst oder aus zwingenden Gründen gewählt wird. Oft ist eine Diät gesundheitlich notwendig, meistens dient sie jedoch der Gewichtsreduktion. Die Trennkost eignet sich dafür hervorragend, denn sie basiert nicht auf einseitiger Ernährung oder auf nervtötendem Kalorienzählen, sondern auf einer Ernährungsumstellung. Bei der Trennkost können alle natürlichen Lebensmittel verzehrt werden, nur eben getrennt nach Kohlenhydraten und Eiweiß, kombiniert mit neutralen Lebensmitteln.

Endlich anfangen

Im Prinzip können Sie sofort mit der Trennkost ohne große Vorbereitungen beginnen. Allerdings ist eine Entschlackung als Einstieg empfehlenswert, damit sich Ihr Körper schneller von seinen Altlasten befreien kann. Wählen Sie dazu am besten ein Wochenende, an dem Sie sich ausruhen und für sich Zeit nehmen können. Aus den folgenden Möglichkeiten können Sie den Entschlackungstag wählen, der Ihnen persönlich am meisten zusagt.

Fastentag

Die effektivste Möglichkeit, um angestaute Schlacken auszuschwemmen, ist Fasten. Dabei sollten Sie mindestens zwei bis vier Liter Wasser und Früchtetees über den ganzen Tag verteilt trinken. Besonders vorsichtig müssen Sie hier mit körperlichen Aktivitäten sein, denn der Kreislauf kann nach mehr Ruhe verlangen. Trinken Sie an diesem Tag keine auf den Magen schlagenden Getränke wie Kaffee oder schwarzen Tee.

Als Einstieg in Ihre neue, gesündere Ernährungsweise sollten Sie Ihren Körper erst einmal gründlich von giftigen Schlacken befreien.

Obsttag

Essen Sie über den ganzen Tag verteilt etwa ein Kilogramm Obst. Von Äpfeln, Birnen, Weintrauben und Melonen bis zu Beeren können Sie alle Sorten mischen. Bananen sollten Sie jedoch nicht unbedingt wählen, denn sie sind zu stärkehaltig und entwässern nicht so nachhaltig wie die genannten Früchte.

Kartoffeltag

Bei diesem Entschlackungstag kochen Sie ein Kilogramm Kartoffeln mit Schale in Wasser (kein Salzwasser). Dann pellen und portionsweise über den ganzen Tag verteilt essen. Der Kartoffeltag wirkt nur dann entwässernd, wenn Sie das Salz weglassen.

Reistag

Kochen Sie 200 bis 250 Gramm Naturreis in Wasser ohne Salz, und genießen Sie ihn über den ganzen Tag verteilt in vier bis fünf Portionen mit frisch gehackten Kräutern.

Wichtige Tipps für den Start

1. Trinken Sie mindestens zwei Liter Flüssigkeit pro Tag; besonders geeignet sind Mineralwasser und alle Sorten Früchte- oder Kräutertees.

2. Gehen Sie nie hungrig zum Einkaufen, sonst könnten Sie Ihre guten Vorsätze gefährden.

3. Gestalten Sie Ihren Speiseplan nach dem Verhältnis 20:80 Prozent von Säure und Basen bildenden Nahrungsmitteln.

4. Stecken Sie zum Einkaufen dieses Taschenbuch ein. So haben Sie die Rezepte und die Trennkosttabelle bei der Hand.

5. Bei der Trennkost nicht erlaubte Lebensmittel sollten Sie gar nicht erst einkaufen. Besonders bei Süßigkeiten ist die Naschgefahr nicht zu unterschätzen.

6. Verwenden Sie statt Salz besser frische oder tiefgekühlte Kräuter.

7. Essen Sie nicht nebenbei oder schnell zwischendurch. Machen Sie lieber einen Kult aus Ihren Mahlzeiten, und nehmen Sie sich wirklich Zeit – Ihr Magen und Ihre Nerven werden es Ihnen danken.

8. Verwenden Sie keine tierischen, sondern pflanzliche Fette, und auch diese möglichst sparsam.

9. Es genügt, wenn Sie sich einmal in der Woche, am besten immer am gleichen Wochentag, wiegen. Beim täglichen Wiegen kann man sehr ungeduldig werden, da sich der Zeiger der Waage oft mehrere Tage hintereinander nicht nach unten bewegt.

10. Sie sollten es sich zur Gewohnheit machen, vor dem Essen ein Glas Wasser zu trinken und einen gemischten Salat zu essen. Der erste Hunger ist damit befriedigt, und Sie können dann in aller Ruhe Ihre Hauptmahlzeit genießen.

Bei ALDI wechseln Gemüse, Salate und Früchte mehrmals pro Woche. Sie können sich also darauf verlassen, immer frische Lebensmittel zu erhalten.

Nehmen Sie ruhig diese Tabelle mit den empfohlenen Lebensmitteln zum Einkaufen mit, bis Sie die Trennkostregeln verinnerlicht haben.

Lebensmitteltabelle für Trennkost

Kohlenhydratreiche Lebensmittel

- Alle Getreidesorten mit ganzem Korn oder gemahlen
- Alle Brotwaren ohne Ei
- Alle Teigwaren aus 100 Prozent Hartweizengrieß ohne Zusatz von Eiern
- Naturreis
- Kartoffeln, Süßkartoffeln
- Schwarzwurzeln
- Grünkohl
- Bananen
- Mürbe Äpfel
- Trockenobst
- Kastanien
- Süßungsmittel wie Honig, Apfel- oder Birnendicksaft (nur in Maßen)
- *Passende Getränke:* Mineralwasser, Tees, auch Kaffee (mit etwas Milch, da er so magenschonender ist), Bier und Rotwein in Maßen

Eiweißreiche Lebensmittel

- Alle Sorten Fleisch
- Alle Sorten Fisch und Meeresfrüchte
- Milch
- Käse bis zu 45 % F. i. Tr.
- Eiweiß
- Sojaprodukte wie Tofu oder Seitan aus Weizeneiweiß
- Alle Früchte außer Bananen und mürben Äpfeln
- *Passende Getränke:* Mineralwasser, Tees, auch Kaffee (mit etwas Milch, da er so magenschonender ist), Obst- und Gemüsesäfte, Weißwein und Schaumwein in Maßen

Neutrale Lebensmittel

- Pflanzliche Öle und Fette
- Tierische Fette
- Sahne
- Eigelb
- Alle Gemüsesorten
- Alle Salatsorten
- Alle gesäuerten Milchprodukte wie Joghurt, Quark, Dickmilch, Crème fraîche, Buttermilch, Kefir und Sauerrahm
- Käse und Käseprodukte ab 45 % F. i. Tr.
- Alle Sorten Pilze
- Alle Sorten Nüsse
- Alle Gewürze
- *Empfohlene Getränke:* Je nachdem mit welcher Nahrungsmittelgruppe Sie kombinieren, passen eiweiß- oder kohlenhydratreiche Getränke. Zu einer neutralen Mahlzeit passen alle Getränke.

Nicht empfehlenswert

- Alle Arten von Fertiggerichten wie Suppen, Saucen oder vorgegarte Dosenmahlzeiten
- Getrocknete Hülsenfrüchte
- Fette Lebensmittel
- Rohes Eiweiß
- Hochprozentiger Alkohol
- Eingemachte Gelees
- Marmeladen
- Gehärtete Fette
- Rohes Fleisch
- Gepökelte Fleischwaren
- Weißmehlnudeln
- Süßigkeiten aus weißem Zucker

Laut Dr. Hay sind denaturierte Lebensmittel zu meiden. Machen Sie also einen Bogen um die Regale mit den Fertiggerichten und Dosen.

14 Tage Trennkost zum Einsteigen

Damit es Ihnen ein bisschen leichter fällt, in die Trennkost einzusteigen, finden Sie hier eine Rezepteauswahl für 14 Tage (Zum Auffinden der Rezepte benutzen Sie das Register auf Seite 127f.). Sollten Sie das eine oder andere Gericht nicht mögen, können Sie es durch ein anderes Rezept aus dem Buch austauschen. Sollten Sie es einmal nicht schaffen, die Eiweißmahlzeit mittags zu essen, verschieben Sie sie auf den Abend, und essen Sie mittags die Kohlenhydratmahlzeit. Für die angegebenen Frühstücke brauchen Sie keine Rezepte, die Zutaten dafür finden Sie bei ALDI. Bei dieser 14-Tage-Kur sollten Sie möglichst ganz auf Alkohol verzichten. Machen Sie aus Ihren Mahlzeiten ein kleines Fest, mit Tischdecke und Kerzenleuchter. Setzen Sie sich in Ruhe hin, trinken Sie vorher ein Glas Mineralwasser, und machen Sie es sich zur Gewohnheit, einen gemischten Salat (N) vorweg zu essen, um den ersten Hunger zu stillen.

Lassen Sie sich bei Ihren Mahlzeiten nicht stören. Am besten schalten Sie vorsichtshalber den Anrufbeantworter an, bevor Sie sich an den Tisch setzen.

1. Tag

- **Frühstück:** Vollkornbrot mit Quark (K)
- **Zwischenmahlzeit:** 1 Apfel (E)
- **Mittagessen:** ALDI-Salat exklusiv (E)
- **Zwischenmahlzeit:** 1 Möhre (N)
- **Abendessen:** Blumenkohlpfanne mit Farfalle (K)

2. Tag

- **Frühstück:** Knäckebrot mit Butter (K)
- **Zwischenmahlzeit:** 1 Birne (E)
- **Mittagessen:** Putenschnitzel auf Rahmgemüse (E)
- **Zwischenmahlzeit:** Gemüseknabbereien mit warmem Käsedip (N)
- **Abendessen:** Bayerischer Gemüsetopf (K)

3. Tag

- **Frühstück:** Vollkornbrot mit Butter, 1 Banane (K)
- **Zwischenmahlzeit:** 1 Glas Milch (E)
- **Mittagessen:** Rindersteaks mit Speckbohnen (E)
- **Zwischenmahlzeit:** Früchte der Saison (E)
- **Abendessen:** Italienischer Reistopf mit Erbsen (K)

4. Tag

- **Frühstück:** Flockenmüsli mit Kefir und Nüssen (K)
- **Zwischenmahlzeit:** Naturjoghurt mit Mandeln (N)
- **Mittagessen:** Gyros mit Joghurt und Gemüsen (E)
- **Zwischenmahlzeit:** Griechische Brötchen (K)
- **Abendessen:** Folienkartoffeln mit Bohnenfüllung (K)

5. Tag

- **Frühstück:** Joghurt mit Banane (K)
- **Zwischenmahlzeit:** Frisch gepresster Orangensaft (E)
- **Mittagessen:** Champignoncremesuppe (N) mit 1 Scheibe Brot (K)
- **Zwischenmahlzeit:** gemischte Nüsse (N)
- **Abendessen:** Überbackene Tortelloni (K)

Natürlich ist der Essensplan für die ersten 14 Tage lediglich ein Vorschlag. Sie können jederzeit die Rezepte untereinander austauschen, solange Sie dabei die Trennkostregeln einhalten.

Gesunde Vielfalt: Gemüse sind neutrale Lebensmittel und sollten deshalb häufig auf Ihrem Speiseplan stehen.

6. Tag

- **Frühstück:** Vollkornbrot mit Kräuterquark (K)
- **Zwischenmahlzeit:** Erdbeeren oder andere Früchte der Saison (E)
- **Mittagessen:** Rotes Paprikagemüse mit Fetakäse (N) und Brot (K)
- **Zwischenmahlzeit:** Kefir
- **Abendessen:** Überbackene Gemüseplätzchen (K)

Beachten Sie, dass zwischen den einzelnen Mahlzeiten jeweils drei bis vier Stunden liegen sollten, damit Ihr Körper die Verdauung vollständig bewältigen kann.

7. Tag

- **Frühstück:** Vollkornzwieback mit Frischkäse (K)
- **Zwischenmahlzeit:** Joghurt mit Früchten (E)
- **Mittagessen:** Überbackene Salami-Gemüse-Pfanne (E)
- **Zwischenmahlzeit:** Gemüsesaft (E)
- **Abendessen:** Nusscrêpes mit Möhrenfrischkäse (K)

8. Tag

- **Frühstück:** Vollkornbrot mit Käse über 45 % F. i. Tr. (K)
- **Zwischenmahlzeit:** Fetadip mit Sellerie (N)
- **Mittagessen:** Brunchteller mit Wassermelonen (E)
- **Zwischenmahlzeit:** Vollkorngrissini (K)
- **Abendessen:** Spargel-Aprikosen-Salat (N) mit Brot (K)

9. Tag

- **Frühstück:** Fruchtsalat mit Joghurt (E)
- **Zwischenmahlzeit:** Vollkornbrot mit Butter (K)
- **Mittagessen:** Gemischter Salat mit Lachsschinken (E)
- **Zwischenmahlzeit:** Möhrensaft (N)
- **Abendessen:** Spaghetti mit grünem Spargel (K)

10. Tag

- **Frühstück:** Knäckebrot mit Butter und Honig (K)
- **Zwischenmahlzeit:** Milch (E) oder Kefir (N)

- **Mittagessen:** Kohlrabicremesuppe mit Krabben (E)
- **Zwischenmahlzeit:** Früchte der Saison (E)
- **Abendessen:** Zucchini-Kartoffel-Auflauf (K)

11. Tag

- **Frühstück:** Orangensalat mit Joghurt (E)
- **Zwischenmahlzeit:** Knäckebrot mit Butter und Käse über 45 % F. i. Tr. (K)
- **Mittagessen:** Schweinefilet mit Pfifferlingsrahm (E)
- **Zwischenmahlzeit:** Zitronenquark mit Mandelblättchen (E)
- **Abendessen:** Kartoffelsuppe mit Zucchini (K)

Sicherlich haben Sie sich nach zwei Wochen schon so an die Trennkost gewöhnt, dass es Ihnen leicht fällt, auch ohne Plan Ihre neue Ernährungsweise einzuhalten.

12. Tag

- **Frühstück:** Bananenquark (K)
- **Zwischenmahlzeit:** Gemüsesaft (N)
- **Mittagessen:** Putenfilets mit Thunfischsauce und Zucchini (E)
- **Zwischenmahlzeit:** Knackige Paprikastreifen (N)
- **Abendessen:** Würzige Blätterteigschneckchen (K)

13. Tag

- **Frühstück:** Gemischte Beeren mit Joghurt (E)
- **Zwischenmahlzeit:** Möhren (N)
- **Mittagessen:** Hackfleischzucchini (E)
- **Zwischenmahlzeit:** Vollkornzwieback (K)
- **Abendessen:** Salatrollen mit Tomatenquark (N)

14. Tag

- **Frühstück:** Melonenstückchen mit Schinken (E)
- **Zwischenmahlzeit:** Vollkornbrot mit Butter (K)
- **Mittagessen:** Hähnchensalat mit Früchten (E)
- **Zwischenmahlzeit:** Möhren und gemischte Nüsse (N)
- **Abendessen:** Kartoffelrösti mit Kräuterquark (K)

Suppen

Kaum ein Gericht lässt sich so phantasievoll variieren wie Suppen oder Eintöpfe. Ob Sie Deftiges lieben oder zarten Kreationen den Vorzug geben – auf den folgenden Seiten werden Sie garantiert fündig.

Gemüseeintopf

Zutaten für 2–3 Personen

1 Zwiebel • 1 Paprikaschote • 100 g grüne Bohnen 200 g Kartoffeln • 1/2 Zucchini • 4 EL Olivenöl • Salz, weißer Pfeffer • 1/2 l Gemüsebrühe (Instant) • 1 EL Küchenkräuter

k

1 Die Zwiebel abziehen und in Streifen schneiden. Die Paprikaschote waschen, halbieren, entkernen und in Streifen schneiden.

2 Die Bohnen putzen und je nach Größe halbieren. Kartoffeln waschen, schälen und in Scheiben schneiden. Zucchini waschen, vom Stielende befreien und in dünne Scheiben schneiden.

3 In einem Topf das Olivenöl erhitzen und darin die Zwiebelstreifen andünsten. Paprika, Bohnen, Kartoffeln und Zucchini hinzufügen und andünsten. Mit Salz und Pfeffer würzen und mit Gemüsebrühe aufgießen.

4 Küchenkräuter einstreuen und den Gemüseeintopf etwa 20 Minuten leise kochen lassen.

TIPP Den Gemüseeintopf können Sie je nach Saison variieren. Servieren Sie ihn nach Belieben mit frisch geriebenem Käse ab 45 % F. i. Tr.

Eine heiße Suppe an kalten Tagen wärmt den Magen und entspannt den Geist.

Rosenkohlsuppe mit Schinken

Zutaten für 2 Personen

e

250 g frischer Rosenkohl • 50 g luftgetrockneter Bauernschinken • 1 Zwiebel • 1 EL Butter • Salz, schwarzer Pfeffer 1/2 l Fleischbrühe • 50 g Sauerrahm/Schmand

Tipp
Schmecken Sie die Rosenkohlsuppe mit gemahlenem Muskat ab.

1 Rosenkohl putzen, waschen und vierteln. Schinken in Würfel schneiden. Die Zwiebel abziehen und fein würfeln.

2 In einem Topf die Butter erhitzen und darin die Zwiebel- und Schinkenwürfel andünsten. Den Rosenkohl hinzufügen und einige Minuten mitdünsten. Mit Salz und Pfeffer würzen.

3 Den Rosenkohl mit Fleischbrühe aufgießen und aufkochen lassen. Bei mittlerer Hitze etwa 10 Minuten leise kochen lassen.

4 Etwa die Hälfte der Rosenkohlsuppe mit dem Stabmixer pürieren und wieder zurück in den Topf geben. Die Suppe mit Sauerrahm verfeinern, nochmals abschmecken.

Kartoffelsuppe mit Zucchini

Zutaten für 2–3 Personen

k

1 Zwiebel • 2 Knoblauchzehen • 500 g Kartoffeln 1 EL Butter • 1/2 l Gemüsebrühe (Instant) • 1 EL gefriergetrocknete Küchenkräuter • Salz, schwarzer Pfeffer 1 Zucchini • 6 EL Olivenöl • 200 g H-Schlagsahne

1 Die Zwiebel und die Knoblauchzehen abziehen und fein würfeln. Die Kartoffeln waschen, schälen und in gleich große Stücke schneiden.

2 Butter im Topf erhitzen und darin Zwiebel- und

Knoblauchwürfel andünsten. Kartoffelstücke kurz mitdünsten, mit Gemüsebrühe ablöschen.

3 Die Kartoffeln in 20 Minuten gar kochen. Mit Kräutern, Salz und Pfeffer würzen. Inzwischen die Zucchini waschen, von den Enden befreien, der Länge nach halbieren und in Scheibchen schneiden.

4 Das Olivenöl in einer Pfanne erhitzen und darin die Zucchinischeiben auf beiden Seiten knusprig braten; dabei mit Salz und Pfeffer würzen. Die Zucchinischeibchen auf Küchenpapier legen und abtropfen lassen.

5 Die Kartoffelsuppe mit einem Mixstab pürieren und mit der Sahne verfeinern. Nochmals abschmecken. Die Zucchini in die Suppe geben und alles auf vorgewärmte Teller verteilen.

Tipp
Anstelle von Wasser können Sie die Kartoffeln in Gemüsebrühe kochen. Würzen Sie die Suppe zusätzlich mit etwas Majoran.

Champignoncremesuppe

Zutaten für 2 Personen
100 g Champignons • 1 kleine Zwiebel • 1 EL Butter
1/2 l Gemüsebrühe (Instant) • Salz, weißer Pfeffer
100 g H-Schlagsahne • 1 Eigelb

1 Die Champignons putzen, häuten und 2/3 sehr fein hacken. Die restlichen Pilze vierteln.

2 Die Zwiebel abziehen und fein würfeln. In einem Topf die Butter erhitzen und darin die Zwiebelwürfel und die Champignons andünsten.

3 Das Gemüse mit Brühe aufgießen und 5 Minuten leise kochen lassen. Mit Salz und Pfeffer würzen.

4 Den Topf vom Herd nehmen. Sahne mit Eigelb verrühren und in die Suppe geben. Kurz erwärmen, nochmals abschmecken und sofort servieren.

Tipp
Das Rezept eignet sich auch für gemischte Pilze. Oder verwenden Sie Pfifferlinge als Einlage.

Forellencremesuppe mit Möhrenstreifen

Zutaten für 2 Personen

e

*125 g geräucherte Forellenfilets ohne Haut • 1 Zwiebel
1 Möhre • 1 EL Butter • 1/8 l trockener Weißwein • 1/2 l Gemüsebrühe (Instant) • 200 g H-Schlagsahne
Salz, weißer Pfeffer*

Tipp
Garnieren Sie die Suppe zusätzlich mit frischem Dill oder Petersilie. Die Forellenfilets können Sie eventuell durch Lachsfilet ersetzen.

1 Die Forellenfilets in mundgerechte Stücke schneiden. Die Zwiebel abziehen und fein würfeln. Die Möhre putzen, schälen und in dünne Streifen schneiden.

2 In einem Topf die Butter erhitzen und darin die Zwiebelwürfel und die Möhrenstreifen andünsten. Mit Weißwein ablöschen und anschließend mit Gemüsebrühe auffüllen.

3 Die Suppe etwa 10 Minuten leise kochen lassen, dann mit Sahne verfeinern. Mit Salz und Pfeffer würzen. Die Filets zum Erwärmen kurz in die Suppe legen.

Paprikasuppe mit Croûtons

Zutaten für 2 Personen

k

*2 große gelbe Paprikaschoten • 1 kleine Zwiebel • 3 EL Butter
1 TL Zucker • 350 ml Gemüsebrühe (Instant) • 2 Scheiben Toastbrot (Buttertoast) • 100 g H-Schlagsahne • Salz, schwarzer Pfeffer*

1 Die Paprikaschoten waschen, entkernen und in Streifen schneiden. Die Zwiebel abziehen und fein würfeln. In einem Topf die Hälfte der Butter erhitzen und darin die Zwiebelwürfel sowie die

Paprikastreifen etwas andünsten.
2 Zucker einstreuen und unter Rühren auflösen. Mit Brühe ablöschen und die Suppe etwa 10 Minuten kochen lassen.
3 In der Zwischenzeit das Weißbrot in kleine Würfel schneiden. In einer Pfanne die restliche Butter erhitzen und die Brotwürfel darin knusprig anbraten. Pfanne beiseite stellen.
4 Die Suppe vom Herd nehmen, die Schlagsahne einrühren und die Suppe mit dem Stabmixer pürieren. Anschließend durch ein Sieb passieren und mit Salz und schwarzem Pfeffer kräftig abschmecken.
5 Die Suppe in vorgewärmte, tiefe Teller verteilen und die Croûtons vor dem Servieren darüber streuen.

Die Sahne soll in der Suppe nicht mitkochen – durch die passierten Zutaten wir die Suppe sämig genug.

TIPP Je nach Angebot können Sie auch grüne oder rote Paprikaschoten verwenden. Bevorzugen Sie anstelle von weißem Zucker braunen Rohrzucker.

Langes Lagern schadet: Die Forelle schmeckt am besten, wenn sie frisch gefangen und ausgenommen wird.

Scampi in Brühe

Zutaten für 2 Personen

e

250 g Riesengarnelenschwänze (TK-Ware) • 1 Stange Lauch 2 Knoblauchzehen • 1 EL Butter • 50 ml Weißwein 3/8 l Gemüsebrühe (Instant) • Salz, weißer Pfeffer

1 Die Riesengarnelenschwänze auftauen lassen. Vom Lauch das Stielende und welkes Grün entfernen. Den Rest längs durchschneiden und waschen. Dann quer in feine Streifen schneiden.

2 Die Knoblauchzehen abziehen und fein würfeln. In einem Topf die Butter erhitzen und darin Knoblauch und Lauch andünsten.

3 Mit Weißwein ablöschen und mit Brühe aufgießen. Etwa 5 Minuten leise kochen lassen. Die Riesengarnelenschwänze mit Salz und Pfeffer würzen und in der Brühe ziehen lassen.

Tipp Dazu schmeckt als Vorspeise ein großer Salat (z. B. ALDI-Salat exklusiv, siehe Seite 51).

Möhrensuppe mit pochierten Eiern

Zutaten für 2 Personen

e

150 g frische Möhren • 2 EL Butter • 3/8 l Gemüsebrühe (Instant) • Salz, weißer Pfeffer • 1 TL gefriergetrocknete Küchenkräuter • 1 TL Essig • 2 Eier • 100 g H-Schlagsahne

1 Die Möhren waschen, schälen und in kleine Stücke schneiden. In einem Topf die Butter erhitzen und die Möhrenstücke kurz andünsten.

2 Die Möhren mit Gemüsebrühe ablöschen und

etwa 20 Minuten leise kochen lassen. Mit Salz, Pfeffer und Küchenkräutern würzen.

3 Einen Topf Wasser mit etwas Salz und Essig aufkochen. Die Eier nacheinander in eine Kochkelle schlagen und in das Wasser tauchen.

4 Die Möhrensuppe mit einem Mixstab pürieren und mit Sahne verfeinern. Nochmals pikant abschmecken.

5 Sobald die pochierten Eier eine feste Masse bilden, mit einer Schaumkelle herausnehmen, kurz abtropfen lassen und in zwei vorgewärmte Suppenteller legen. Die Möhrensuppe darüber gießen, servieren.

Tipp
Die Möhrensuppe können Sie mit gerösteten Brotwürfeln garniert auch als Kohlenhydratmahlzeit genießen.

Knoblauchcremesuppe

Zutaten für 2–3 Personen

1 Zwiebel • 4 – 10 Knoblauchzehen (je nach Belieben) 400 g Kartoffeln • 1 EL Butter • 1/2 l Gemüsebrühe (Instant) 100 g H-Schlagsahne • Salz, weißer Pfeffer • 1 TL gefriergetrocknete Küchenkräuter • 50 g Sauerrahm/Schmand

k

1 Die Zwiebel und die Knoblauchzehen abziehen und fein würfeln. Die Kartoffeln waschen, schälen und in kleine Stücke schneiden.

2 In einem Topf die Butter erhitzen und darin die Zwiebel- und Knoblauchwürfel andünsten. Kartoffelwürfel hinzufügen und mit Brühe aufgießen. Die Suppe etwa 25 Minuten leise kochen lassen. Kurz vor Ende der Garzeit die Sahne einrühren.

3 Die Suppe mit einem Mixstab cremig pürieren. Mit Salz, Pfeffer und Küchenkräutern würzen. In vorgewärmte Teller verteilen und mit je einem Klecks Sauerrahm garnieren.

Krabben-Sahne-Süppchen

e

Zutaten für 2 Personen

200 g Krabben in Lake • 1 EL Zitronensaft • Salz, Pfeffer
2 Knoblauchzehen • 1 Möhre • 1/2 Stange Lauch • 1 EL Butter
3/8 l Gemüsebrühe (Instant) • 200 g Sahne

Tipp
Anstatt der Krabben können Sie auch TK-Riesengarnelen oder Räucherlachsscheiben aus der Kühltheke verwenden.

1 Die Krabben in ein Sieb gießen, gut waschen und abtropfen lassen. Mit Zitronensaft, Salz und Pfeffer würzen. Die Knoblauchzehen abziehen und fein würfeln. Die Möhre schälen und in dünne Streifen schneiden.

2 Die Lauchstange vom Grün befreien, längs durchschneiden und zwischen den Blattschichten waschen. Dann quer in möglichst dünne Streifen schneiden.

3 In einem Topf die Butter erhitzen und darin Knoblauch, Möhre und Lauch andünsten. Mit Gemüsebrühe aufgießen, aufkochen lassen und die Sahne zugießen.

4 Die Suppe etwa 5 Minuten leise kochen lassen und abschmecken. Kurz vor dem Servieren die Krabben hinzufügen.

Brokkolirahmsuppe mit Mandeln

n

Zutaten für 2 Personen

500 g Brokkoli • 1 Zwiebel • 3 EL Olivenöl • 3/8 l Gemüsebrühe (Instant) • 200 g Sahne • Salz, Pfeffer • 1 Prise Muskatnuss • 2 Eigelbe • 1 EL Mandelblättchen

1 Den Brokkoli putzen, in Röschen teilen und einen Teil vom Strunk klein schneiden. Gründlich waschen und in einem Sieb abtropfen lassen.

2 Die Zwiebel abziehen und fein würfeln. In einem Topf das Öl erhitzen und darin die Zwiebel glasig dünsten.

3 Brokkoli hinzufügen und unter Rühren kurz andünsten. Mit Gemüsebrühe aufgießen und in 5 bis 8 Minuten weich kochen. Die Suppe mit einem Mixstab pürieren.

4 Die Sahne zugießen und mit Salz, Pfeffer und Muskat würzen. Kurz vor dem Servieren die Eigelbe in einer Tasse mit etwas Suppe verquirlen und anschließend unter die Suppe ziehen. Nicht mehr kochen. Mit Mandelblättchen garnieren.

Käse-Kartoffel-Suppe

k

Zutaten für 2 Personen

1 Zwiebel • 2 mittelgroße Möhren • 500 g Kartoffeln
2 EL Butter • 1 l Gemüsebrühe (Instant) • Salz, Pfeffer
50 g Sahne • 50 g geriebener Emmentaler

1 Die Zwiebel abziehen und fein würfeln. Die Möhren schälen und klein würfeln. Die Kartoffeln schälen und in etwa 2 Zentimeter große Würfel schneiden.

2 Die Butter in einem Topf erhitzen und darin die Zwiebel- und die Möhrenwürfel andünsten. Die Kartoffelstücke hinzufügen und unter Rühren einige Minuten andünsten.

3 Den Topfinhalt mit der Gemüsebrühe aufgießen. Die Kartoffeln so lange kochen, bis sie zerfallen, das dauert etwa 30 Minuten. Mit Salz und Pfeffer würzen.

4 Die Suppe mit einem Mixstab pürieren und nochmals abschmecken. Kurz vor dem Servieren die Sahne mit dem Emmentaler vermischen und in der Suppe zerlaufen lassen.

Tipp
Sie können alle Sorten von frischen Kräutern, ob von der Fensterbank oder aus der Tiefkühltruhe, in die Suppe rühren.

Geeiste Gurkensuppe für heiße Tage

e

Zutaten für 2 Personen

1 Salatgurke • 500 g cremiger Joghurt • 3 EL Zitronensaft Salz, Pfeffer • 1 Zucchini • 5 EL Olivenöl

1 Die Salatgurke schälen und klein schneiden. Zusammen mit dem Joghurt, dem Zitronensaft, Salz und Pfeffer im Küchenmixer fein pürieren. In eine Schale füllen und für 30 Minuten in das Gefrierfach stellen.

2 Die Zucchini waschen und die Enden entfernen. Der Länge nach vierteln und quer in Scheibchen schneiden. Das Olivenöl in einer Pfanne erhitzen und darin die Zucchinistücke goldgelb braten. Mit Salz und Pfeffer würzen.

3 Die kalte Suppe in Suppentassen verteilen und die Zucchinistücke darüber streuen. Sofort servieren.

Kalte Suppen gehören in den Mittelmeerländern zu den Standards auf der Speisekarte. Kein Wunder: Sie sind erfrischend und bekömmlich.

TIPP Mischen Sie möglichst viele fein gehackte Kräuter oder aus Ihrem Gewürzschrank 1 kräftige Prise gemahlenen Curry oder Safran unter die Suppe.

Blumenkohlsuppe mit Kräuterbaguette

k

Zutaten für 2–3 Personen

1 kleiner Kopf Blumenkohl • Salz • 1/4 l Gemüsebrühe (Instant) • Pfeffer • 1 Kräuterbaguette • 100 g Sahne

1 Den Blumenkohl in Röschen teilen und kurz in kaltes Salzwasser legen. Abgießen und waschen. Die Röschen in kochendes Salzwasser geben und in etwa 15 Minuten weich kochen.

2 Den Blumenkohl abgießen und mit der Gemüsebrühe und 1/4 Liter Blumenkohlsud in einem Topf aufkochen. Mit einem Mixstab die Suppe pürieren. Mit Salz und Pfeffer würzen.

3 Das Baguette in Scheiben schneiden, auf ein Backblech legen und im Ofen bei 200 °C (Umluft 180 °C, Gas Stufe 3–4) in 5 bis 8 Minuten backen.

4 Die Blumenkohlsuppe mit Sahne verfeinern und kurz kochen lassen. Abschmecken und mit den gebackenen Baguettescheiben servieren.

Würzige Hackfleischsuppe

Zutaten für 2 Personen

250 g Hackfleisch (TK-Ware) • 1 Zwiebel • 2 Knoblauchzehen 4 EL Olivenöl • 1/8 l trockener Weißwein • 500 g passierte Tomaten (Tetra Pak) • 1 EL gefriergetrocknete Küchenkräuter • Salz, Pfeffer • 1/4 Becher H-Sauerrahm/Schmand

e

1 Das Hackfleisch im Kühlschrank auftauen lassen. Die Zwiebel und die Knoblauchzehen abziehen und fein würfeln. Das Olivenöl in einem Topf erhitzen und darin die Zwiebel- und Knoblauchwürfel glasig dünsten.

2 Das Hackfleisch hinzufügen und unter Rühren kräftig anbraten. Mit Weißwein und passierten Tomaten aufgießen und bei mittlerer Hitze etwa 10 Minuten leise kochen lassen.

3 Die gefriertgetrockneten Küchenkräuter und Gemüsemais einrühren. Mit Salz und Pfeffer würzen. Weitere 5 Minuten ziehen lassen und auf vorgewärmte Suppenterrinen oder -teller verteilen. Mit Sauerrahm garnieren.

Das gefrorene Hackfleisch sollten Sie am Einkaufstag im Kühlschrank auftauen lassen und sofort verwenden. Einmal aufgetautes Hackfleisch können Sie nicht mehr einfrieren.

Salate und Gemüse

Gesundheitsbewusste Ernährung bedeutet noch lange nicht, dass Sie auf Genuss beim Essen verzichten müssen. Die folgenden Rezepte zeigen Ihnen, wie Sie Vitaminbomben zubereiten können, die gleichzeitig höchsten kulinarischen Ansprüchen gewachsen sind.

Krabbensalat mit Früchten

Zutaten für 2 Personen

200 g Krabben in Lake • 1 Orange • 100 g frische Champignons • 200 g Chinakohl • 2 EL Delikatessmayonnaise 1 TL Tomatenmark • 1 EL Essig • Salz, weißer Pfeffer • 1 Birne

e

1 Die Krabben waschen und gründlich abtropfen lassen. Die Orange schälen und in Filets schneiden. Die Champignons putzen und feinblättrig schneiden.

2 Den Chinakohl putzen, waschen, in Streifen schneiden und in einem Sieb abtropfen lassen. Aus Mayonnaise, Tomatenmark, Essig und etwa 3 Esslöffeln Wasser ein Dressing rühren. Mit Salz und weißem Pfeffer würzen.

3 Die Birne waschen, schälen, entkernen und in kleine Stückchen schneiden. Alle Salatzutaten mit dem Dressing in einer Schüssel locker vermengen. Sofort servieren.

Tipp Sie können auch andere Obstsorten wie Pfirsiche, Äpfel oder Grapefruits untermengen, jedoch keine Bananen, denn die sind stärkehaltig und nach Dr. Hay den Kohlenhydratmahlzeiten zuzuordnen.

Spargelsalat mit gebratenen Lachswürfeln (Rezept siehe Seite 43): So delikat kann ALDI sein.

ALDI-Rohkost mit Olivenmayonnaise

Zutaten für 2 Personen

etwa 800 g Gemüse, je nach Angebot z. B. Zucchini, Fenchel, Paprikaschoten, Tomaten • 100 g grüne Oliven • 100 g Delikatessmayonnaise • Salz, weißer Pfeffer

Die Mayonnaise können Sie auch selbst herstellen: 1 Teelöffel scharfen Senf mit 1 Eigelb cremig rühren. Mit einem Handmixer teelöffelweise 100 Milliliter Olivenöl unterschlagen. Mit Salz und Pfeffer würzen, die gehackten Oliven untermengen.

1 Das Gemüse putzen und waschen. Zucchini längs vierteln oder achteln und quer in etwa 3 Stücke schneiden.

2 Den Fenchel vierteln, vom Strunk befreien und die einzelnen Schichten auseinander brechen. Ebenfalls in mundgerechte Stücke schneiden.

3 Die Paprikaschoten vierteln, entkernen und in Streifen schneiden. Die Tomaten in halbe Scheiben schneiden.

4 Die Oliven entkernen und fein hacken. Mit der Mayonnaise verrühren und nach Geschmack mit Salz und Pfeffer würzen. In zwei Saucenschüsselchen füllen.

5 Das Dipgemüse auf zwei Tellern hübsch anrichten.

Zucchiniröllchen mit Mozzarella

Zutaten für 2 Personen

2 Zucchini (etwa 500 g) • Salz, weißer Pfeffer • 8 EL Olivenöl
250 g passierte Tomaten (1/2 Tetra Pak) • 100 g Sahne
125 g Mozzarella (45 % F. i. Tr.)
Zum Backen: 2 EL Olivenöl

1 Die Zucchini waschen, von den Stielenden befreien und der Länge nach in dünne Scheiben schneiden. Mit Salz und Pfeffer würzen. Portionsweise in heißem Olivenöl von beiden Seiten braten.

Herausnehmen und auf Küchenpapier legen.

2 Den Backofen auf 200 °C (Umluft 180 °C, Gas Stufe 3–4) vorheizen und eine Auflaufform mit Olivenöl ausstreichen. Die Tomaten mit Sahne, Salz und Pfeffer verrühren und in die Form geben.

3 Mozzarella in Stücke schneiden. Auf Zucchinischeiben verteilen, aufrollen und mit Zahnstochern fixieren. Nebeneinander in die Form setzen und mit restlichen Käsestückchen belegen. Salzen und pfeffern und mit Olivenöl beträufeln. Etwa 20 Minuten überbacken.

Für dieses Gericht eignen sich auch andere Käsesorten mit über 45 % F. i. Tr. Genießen Sie dazu knuspriges Weißbrot, und Sie haben eine Kohlenhydratmahlzeit.

Scharfer Möhrensalat mit Knoblauchcroûtons

Zutaten für 2 Personen

500 g Möhren • 5 – 10 Knoblauchzehen (je nach Geschmack)
6 EL Olivenöl • 3 EL Essig • Salz, Pfeffer • 4 Scheiben Toastbrot
2 EL Butter

1 Die Möhren waschen, schälen und mit einer Küchenreibe grob raffeln. Die Knoblauchzehen abziehen und fein würfeln.

2 Die Hälfte Knoblauch mit Olivenöl, Essig, Salz und Pfeffer verrühren. In einer Schüssel mit den Möhren locker vermengen. In den Kühlschrank stellen und etwa 30 Minuten ziehen lassen.

3 Das Toastbrot in kleine Würfel schneiden. Die Butter in einer Pfanne erhitzen und darin den restlichen Knoblauch andünsten.

4 Die Brotwürfel in die Pfanne geben und rundherum anbraten. Den Möhrensalat auf zwei Teller verteilen und mit den Knoblauchcroûtons bestreut servieren.

Als leichten Imbiss mittags servieren oder abends mit einem italienischen Rotwein genießen.

Thunfischsalat

Zutaten für 2 Personen

1 Dose Thunfisch im eigenen Saft (195 g) • 500 g Tomaten 100 g Oliven mit Paprikafüllung • 2 Zwiebeln • 100 g frische Champignons • 1 Eigelb • 1 TL scharfer Senf • 50 ml Olivenöl 1 EL Essig • Salz, weißer Pfeffer

Genießen Sie den Salat als Mittagsmahlzeit, und Sie tanken reichlich Energie. Als Getränk passt dazu viel Mineralwasser mit einem Schuss Zitronensaft.

1 Den Thunfisch abtropfen lassen und grob zerpflücken. Die Tomaten waschen, Stielansätze entfernen, Fruchtfleisch in kleine Stücke schneiden. Die Oliven halbieren.

2 Die Zwiebeln abziehen, halbieren und in Streifen schneiden. Die Champignons putzen und in Scheibchen schneiden.

3 Mit einem elektrischen Handrührgerät Eigelb und Senf cremig rühren. Nach und nach das Olivenöl unterschlagen und die Sauce mit Essig, Salz und Pfeffer abschmecken.

4 Die vorbereiteten Zutaten in einer Schüssel locker vermengen und sofort servieren.

Käse-Gemüse-Salat

Zutaten für 2 Personen

1/2 Beutel Emmentaler (150 g, 45 % F.i. Tr.) • 1/4 Eisbergsalat 1 rote Paprikaschote • 100 g Oliven mit Paprikafüllung 1/2 Salatgurke • 6 EL Olivenöl • 3 EL Essig • Salz, weißer Pfeffer • 1/2 Ciabatta oder 2 Baguettestangen

1 Den Käse mit einem Sparschäler in feine Streifen schneiden. Eisbergsalat waschen, trockenschwenken und in Streifen schneiden.

2 Die Paprikaschote waschen, vierteln, entkernen

und in dünne Streifen schneiden. Die Oliven je nach Belieben halbieren oder in Scheibchen schneiden.

3 Die Salatgurke waschen, schälen und in dünne Scheiben schneiden. Das Olivenöl mit Essig, Salz und weißem Pfeffer verrühren.

4 Alle Salatzutaten in einer Schüssel locker miteinander vermengen und mit dem Brot genießen.

TIPP Ohne Brot ist der Salat eine neutrale Mahlzeit. Mischen Sie nun Lachs- oder Fleischwürfel unter den Salat, so haben Sie eine köstliche Eiweißmahlzeit. Die Oliven mit Paprikafüllung werden oft bei Wochenaktionen angeboten; kaufen Sie sie einfach auf Vorrat.

Gemüsepfanne mit Limburger

Zutaten für 2 Personen

1 Dose mexikanische Gemüseplatte (425 g) • 1 Zwiebel
3 Eier 1 Portionsmilch (10 g) • Salz, weißer Pfeffer • 100 g Allgäuer Limburger (40 % F. i. Tr.) • 1 EL Butter

e

1 Das Gemüse in einem Sieb abtropfen lassen. Die Zwiebel abziehen und fein würfeln. Die Eier mit der Milch verschlagen und mit Salz und Pfeffer würzen. Den Käse in kleine Stücke schneiden.

2 In einer Pfanne die Butter erhitzen und darin die Zwiebelwürfel glasig dünsten. Das Gemüse hinzufügen, kurz schwenken und mit Salz und Pfeffer würzen.

3 Die Eiermischung darüber gießen, den Käse darüber streuen und die Pfanne für einige Minuten mit einem Deckel verschließen. In der Pfanne servieren.

Statt Limburger können Sie jede andere Käsesorte unter 45 % F. i. Tr. verwenden.

Gefüllte Zucchini

Zutaten für 4 Personen

e

4 Zucchini • 1 Zwiebel • 2 Knoblauchzehen • 6 EL Olivenöl 500 g aufgetautes Hackfleisch halb/halb • Salz, weißer Pfeffer • 1 Dose geschälte Tomaten (425 g) • 100 ml warme Gemüsebrühe (Instant) • 1 Eigelb • 100 g geriebener Emmentaler (45 % F. i. Tr.)

Sie können statt dem Emmentaler auch eine andere Käsesorte mit bis zu 45 Prozent Fettgehalt nehmen. Sehr gut passt z. B. Mozzarella.

1 Zucchini waschen, von den Stielenden befreien, der Länge nach halbieren und das Fruchtfleisch herauslösen. Dieses fein hacken. Den Backofen auf 200 °C (Umluft 180 °C, Gas Stufe 3–4) vorheizen.

2 Zwiebel und Knoblauchzehen abziehen und fein würfeln. In einer Pfanne 4 Esslöffel Olivenöl erhitzen und darin Zwiebel- und Knoblauchwürfel andünsten. Das aufgetaute Hackfleisch einrühren und krümelig anbraten. Mit Salz und Pfeffer würzen.

3 Die Pfanne vom Herd ziehen und den Pfanneninhalt leicht abkühlen lassen. Die geschälten Tomaten klein schneiden und zusammen mit dem Tomatensaft sowie 100 Milliliter Gemüsebrühe verrühren und auf dem Boden einer Auflaufform verteilen. Mit Salz und Pfeffer würzen.

4 Das Hackfleisch mit Eigelb, geriebenem Käse und den gehackten Zucchini vermengen. Nochmals abschmecken und in die Zucchinihälften füllen. Restliches Hackfleisch über die Tomatensauce streuen.

5 Die gefüllten Zucchinihälften auf die Tomatensauce setzen und mit Olivenöl beträufeln. Die Form mit Alufolie verschließen und das Gericht im Backofen etwa 20 Minuten garen. Weitere 20 Minuten offen garen.

Überbackenes Blumenkohl-Kartoffel-Püree

Zutaten für 2 Personen

1 Kopf Blumenkohl • Salz • 250 g Kartoffeln • 100 g H-Schlagsahne • 1 Eigelb • 3 EL Butter • weißer Pfeffer • 100 g geriebener Emmentaler (45 % F. i. Tr.)

k

1 Den Blumenkohl für 10 Minuten in kaltes Salzwasser legen. Dann in grobe Stücke schneiden und in reichlich Salzwasser weich kochen.

2 Die Kartoffeln waschen, schälen und in Salzwasser etwa 25 Minuten kochen, bis sie zerfallen.

3 Blumenkohl und Kartoffeln abgießen. Zusammen mit der Sahne im Mixer grob pürieren. Eigelb und die Hälfte der Butter untermengen. Mit Salz und Pfeffer würzen.

4 Eine Auflaufform mit Butter ausstreichen und das Blumenkohl-Kartoffel-Püree einschichten. Mit Käse bestreuen und Butterflocken obenauf setzen. Im Ofen bei 210 °C (Umluft 190 °C, Gas Stufe 4) etwa 20 Minuten überbacken.

Der Auflauf lässt sich auch gut mit einer Mischung aus 1 Eigelb, 4 Esslöffeln Olivenöl und 2 Esslöffeln Paniermehl überbacken. Dazu passt zimmerwarmer Rotwein.

Falls Sie beim Einkaufen unterschiedliche Größen angeboten bekommen: Zucchini sind am schmackhaftesten, wenn sie mit einer Länge von 15 bis 20 Zentimeter geerntet werden.

Überbackener Tomatenschinken

Zutaten für 2 Personen

e

200 g Koch-Hinterschinken • 100 g Gouda in Scheiben (48 % F. i. Tr.) • 4 Tomaten • 1 EL Butter • Salz, weißer Pfeffer 200 g Sahne • 1 Ei

Tipp
Dazu passen grüne Blattsalate wie Feld-, Kopf- oder Romanasalat. Servieren Sie als Getränk einen gut gekühlten ALDI-Prosecco dazu.

1 Die Schinken- und Käsescheiben je in 4 Teile schneiden. Die Tomaten waschen, von den harten Stielansätzen befreien und in dünne Scheiben schneiden.

2 Eine Auflaufform mit Butter ausstreichen. Die Tomaten mit je 1 Schinken- und Käsescheibe belegen und dachziegelartig in die Form legen. Kräftig würzen.

3 Die Sahne mit dem Ei kräftig verschlagen und darüber träufeln. Restliche Butter darüber geben. Im Backofen bei 210 °C (Umluft 190 °C, Gas Stufe 4) in etwa 30 Minuten knusprig backen.

Warmer Bohnensalat mit Forellenfilets

Zutaten für 2 Personen

e

500 g frische grüne Bohnen (ersatzweise Brechbohnen aus dem Glas) • 1 große Zwiebel • 2 EL Butter • Salz, weißer Pfeffer • 150 ml Gemüsebrühe (Instant) • 50 g H-Schlagsahne 125 g geräucherte Forellenfilets • 2 Tomaten

1 Die Bohnen verlesen und waschen, die längeren Bohnen halbieren. Zwiebel abziehen und würfeln.

2 Die Butter in einem großen Topf erhitzen und darin die Zwiebelwürfel glasig dünsten. Die Bohnen hinzufügen und kurz mitdünsten. Mit Salz und weißem Pfeffer kräftig würzen.

3 Die Bohnen mit Gemüsebrühe und Sahne übergießen und etwa 10 Minuten leise kochen lassen. In der Zwischenzeit die Forellenfilets in kleinere Stücke schneiden.

4 Die Bohnen mit etwas Sud auf zwei Teller verteilen und die Forellenstückchen obenauf legen. Die Tomaten waschen, in Achtel schneiden und als Garnitur verwenden.

Sie können die Sahne auch durch passierte Tomaten ersetzen.

TIPP Richten Sie den Bohnensalat auf einem Salatbett aus Rucola, Lollo Rosso und Kopfsalat an, und servieren Sie dazu einen trockenen Weißwein.

Gemischter Salat mit Lachsschinken

e

Zutaten für 2 Personen

150 g Lachsschinkenaufschnitt • 1 Kopfsalat • 1 Zwiebel 1 Zucchini • 150 g milder Joghurt • 1 EL Olivenöl • 1 EL Zitronensäure • Salz, weißer Pfeffer

1 Den Lachsschinken in feine Streifen schneiden. Den Kopfsalat putzen, verlesen, gründlich waschen, abtropfen lassen und in schmale Streifen schneiden.

2 Die Zwiebel abziehen, halbieren und in Streifen schneiden. Die Zucchini waschen, putzen und mit einer Küchenreibe grob raspeln.

3 Den Joghurt mit Olivenöl, Zitronensäure, Salz und Pfeffer cremig rühren. In einer Schüssel alle Salatzutaten locker vermengen und sofort servieren.

TIPP Servieren Sie zu dem Salat mit Lachsschinken einen gut gekühlten Weißwein wie den italienischen Soave oder Pinot Grigio.

Kopfsalat mit Blauschimmelkäse

Zutaten für 2 Personen

n

100 g blaue und/oder weiße Weintrauben • 50 g Walnusshälften • 1 Kopfsalat • 150 g Dänischer Blauschimmelkäse (70 % F. i. Tr.) • 1 Becher milder Joghurt • Salz, weißer Pfeffer

Immer häufiger bekommt man jetzt kernlose Trauben zu kaufen. Die sind zwar etwas teurer, aber die Verarbeitung ist bequem und der Geschmack bestens.

1 Die Trauben entstielen, waschen und die größeren Trauben halbieren. Gegebenenfalls von den Kernen befreien. Die Walnusshälften klein hacken.

2 Den Kopfsalat putzen, von allen welken Blättern befreien, gründlich waschen und in kleinere Stücke zupfen. Abtropfen lassen.

3 Den Blauschimmelkäse in kleinen Stückchen in eine Schüssel geben und mit Joghurt verrühren. Mit Salz und Pfeffer würzen.

4 Weintrauben, Walnüsse und Salat locker vermengen. Auf zwei großen Tellern anrichten. Die Sauce löffelweise darüber ziehen.

Tipp Dieser Salat ist ein toller Mittagsimbiss, der müde Geister wieder weckt. Dazu schmeckt Mineralwasser mit Zitrone.

Sauerkrautsalat mit Ananas

Zutaten für 2 Personen

e

250 g Weinsauerkraut (Dose) • 250 g frische Ananas 1 säuerlicher Apfel • 100 g Sauerrahm/Schmand • 3 Tropfen flüssiger Süßstoff • Salz, weißer Pfeffer

1 Das Weinsauerkraut mit einer Gabel lockern und in eine Schüssel geben, falls nötig, etwas kleiner schneiden. Die Ananas schälen und das Fruchtfleisch in Streifen schneiden.

2 Den Apfel schälen, entkernen und in Stifte schneiden. Das Sauerkraut mit dem Apfel und der Ananas mischen.

3 Den Sauerrahm mit Süßstoff, Salz und Pfeffer verrühren und mit dem Salat vermengen. Nochmals abschmecken.

Den Süßstoff können Sie weglassen, wenn die Ananas süß und saftig ist.

Spargelsalat mit gebratenen Lachswürfeln

Zutaten für 2 Personen

500 g frischer Spargel (ersatzweise 370 g Stangenspargel aus dem Glas) • Salz • 4 TL Butter • 2 Lachsfilets (TK-Ware, 250 g) • 1 TL Zitronensaft • weißer Pfeffer • 1 Bund Schnittlauch • 3 EL Olivenöl • 1 EL Weißweinessig

1 Den Spargel gründlich waschen, schälen und die holzigen Enden abbrechen. Dann in genügend Salzwasser mit 1 Teelöffel Butter in 15 bis 20 Minuten garen.

2 In der Zwischenzeit den Lachs in etwa 1 Zentimeter große Würfel schneiden. Mit Zitronensaft, Salz und weißem Pfeffer würzen.

3 Den Spargel abgießen, kurz abtropfen lassen und in mundgerechte Stücke schneiden. Den Schnittlauch waschen, trockenschütteln und in Röllchen schneiden. Mit Olivenöl, Essig, Salz und Pfeffer verrühren. Über den Spargel gießen und kurz ziehen lassen.

4 Die restliche Butter in der Pfanne erhitzen und darin die Lachsstücke von allen Seiten braten. Den Spargelsalat auf zwei große Teller verteilen und mit den Lachsstücken belegen.

Frische Kräuter bekommt man in der Regel nicht bei ALDI, Sie können aber ebenso gefriergetrocknete aus dem Glas verwenden.

Bayerischer Gemüsetopf

k

Zutaten für 2–3 Personen

1 Kopf Weißkohl • 2 Möhren • 1 große Zwiebel • 500 g Kartoffeln • 3 EL Pflanzenöl • Kümmel • Salz, weißer Pfeffer 1/2 l Gemüsebrühe (Instant)

Zu diesem deftigen Eintopf schmeckt Bauernbrot mit Butter. Sie können auch gebutterte Brotscheiben mit Salz und Pfeffer würzen und im Backofen grillen.

1 Den Weißkohl vom Strunk befreien, waschen und in Streifen schneiden. Die Möhren schälen und in Scheiben schneiden.

2 Die Zwiebel abziehen, halbieren und in Streifen schneiden. Die Kartoffeln waschen, schälen und in Scheiben schneiden.

3 In einem weiten Topf das Pflanzenöl erhitzen und darin die Zwiebel andünsten. Kartoffeln, Möhren und Weißkohl abwechselnd einschichten. Jede Lage mit Kümmel, Salz und Pfeffer würzen.

4 Den Gemüsetopf mit Brühe auffüllen. Das Ganze zugedeckt bei mittlerer Hitze etwa 40 Minuten garen.

Rotkohl mit Nüssen und Lammstreifen

e

Zutaten für 2 Personen

3 Stück aufgetaute Lammsteaks (aus der 400-g-TK-Packung) 1/4–1/2 Kopf Rotkohl (je nach Größe) • Salz, weißer Pfeffer 4 EL Olivenöl • 1 EL Zitronensaft • 50 g geschälte Haselnüsse 2 EL Pflanzenöl

1 Die Lammsteaks waschen, trockentupfen und in schmale Streifen schneiden. Den Rotkohl putzen, waschen und mit einem Küchenhobel in feine Streifen hobeln. In einer Schüssel mit Salz gut durchkneten und 10 Minuten stehen lassen.

2 Den Rotkohl mit Pfeffer, Olivenöl und Zitronensaft abschmecken. Die Nüsse in ein Tuch wickeln, mit dem Fleischklopfer fein zerkleinern, unter den Rotkohl mischen.

3 Das Pflanzenöl in einer Pfanne erhitzen und darin die Lammstreifen von allen Seiten braten. Mit Salz und Pfeffer würzen.

4 Rotkohl auf zwei Teller verteilen, die Lammstreifen darüber geben.

Dazu passt als Nachtisch ein gemischter Käseteller mit Weintrauben.

Selleriesalat nach Waldorf-Art

Zutaten für 2 Personen

1 Kopfsalatherz • 100 g Walnusshälften • 1 Knolle Sellerie
2 Äpfel • Saft von 1 Zitrone (oder 4 EL Zitronensäure)
50 g Mayonnaise • 3 EL H-Schlagsahne • Salz, weißer Pfeffer

e

1 Das Kopfsalatherz halbieren, waschen und trockenschwenken. Jede Salatherzhälfte putzen und auf zwei Tellern anrichten. Die Walnüsse klein hacken.

2 Den Sellerie schälen, in dünne Scheiben und dann in feine Stifte schneiden. Die Äpfel schälen, entkernen und ebenfalls in Stifte schneiden. Sellerie und Äpfel in einer Schüssel mit dem Zitronensaft vermengen.

3 Mayonnaise mit Sahne, Salz und Pfeffer verrühren und mit dem Salat vermengen. Nochmals abschmecken.

4 Den Selleriesalat auf den Salatblättern hübsch anrichten. Die Walnüsse klein hacken und darüber streuen.

TIPP Besonders in der Vorweihnachtszeit werden bei ALDI Walnusshälften in Wochenaktionen angeboten. Greifen Sie also zu!

Tomatensalat mit Käseciabatta

Zutaten für 2 Personen

500 g Tomaten • 1 große Zwiebel • 125 g Mozzarella (45 % F. i. Tr.) • 6 Scheiben Ciabatta • 8 EL Olivenöl • Salz, weißer Pfeffer • 3 EL Essig

Sie können den Käse auch unter den Salat mischen und Grissini dazu genießen. Diese Gebäckstangen aus Italien finden Sie bei ALDI häufig im Wochenangebot.

1 Die Tomaten waschen, von den Stielansätzen befreien, halbieren und in Scheibchen schneiden. Die Zwiebel abziehen und in Streifen schneiden.

2 Den Backofen auf 200 °C (Umluft 180 °C, Gas Stufe 3–4) vorheizen. Den Mozzarella in dünne Scheiben schneiden.

3 Ciabatta in Scheiben schneiden. Die Scheiben mit Mozzarella belegen, nur tropfenweise mit Olivenöl beträufeln und mit Salz und Pfeffer würzen. Auf ein Backblech legen und zum Überbacken in den Ofen schieben.

4 Restliches Olivenöl mit Essig, Salz und Pfeffer

Universell einsetzbar: Tomaten und Paprika geben vielen Gerichten eine würzige Note und eine kräftige Farbe.

verrühren. Zusammen mit Tomaten und Zwiebeln vermengen. Auf zwei große Teller verteilen und die Ciabattabrote an die Tellerränder legen.

Spargel-Aprikosen-Salat

Zutaten für 2 Personen

500 g frischer Spargel • Salz • 1 TL Butter • 3 frische, saftige Aprikosen • 1 Zwiebel • 2 Tomaten • 5 EL Olivenöl • 2 EL Aceto balsamico • weißer Pfeffer

k

1 Den Spargel schälen und holzige Stellen wegschneiden. In genügend kochendes Salzwasser mit Butter geben und in etwa 20 Minuten garen.

2 Die Aprikosen waschen, entkernen und in dünne Streifen schneiden. Die Zwiebel abziehen, halbieren und in Streifen schneiden.

3 Die Tomaten überbrühen, abziehen, entkernen und in Streifen schneiden. Den Spargel in ein Sieb gießen, abtropfen lassen und dabei 5 Esslöffel Sud auffangen.

4 Die Spargelstangen in Stücke von etwa 2 Zentimeter Länge schneiden. Aus Spargelsud, Olivenol, Aceto balsamico, Salz und Pfeffer eine Marinade rühren.

5 Alle Zutaten in einer Schüssel locker vermengen und kurz ziehen lassen.

Wenn Sie statt weißem Spargel grünen verwenden, sparen Sie sich das Schälen.

TIPP Als Kohlenhydratmahlzeit passen zu diesem raffinierten Salat geröstete Weißbrotscheiben oder Ciabatta. Noch besser schmeckt der Salat, wenn frisches Basilikum untergemengt wird.
Von Zeit zu Zeit wird Aceto balsamico bei ALDI in Wochenaktionen angeboten.

Hähnchensalat mit Früchten

e

Zutaten für 4 Personen

500 g aufgetautes Hähnchenbrustfilet (TK-Ware) • Salz, weißer Pfeffer • 1/8 l trockener Weißwein • 1/2 l Fleischbrühe (Instant) • 1 Eisbergsalat • 2 EL Olivenöl • 100 g frische Champignons • 150 g frische Ananas • 100 g Mayonnaise 1 TL Zitronensaft • Currypulver

Der Zitronensaft verhindert, dass sich die Bananenscheiben bräunlich verfärben und gibt ihnen zudem eine angenehm säuerliche Note.

1 Das Hähnchenbrustfilet in mundgerechte Würfel schneiden und mit Salz und Pfeffer würzen. In einem Topf Weißwein und Fleischbrühe aufkochen. Die Fleischwürfel in die Brühe geben und bei mittlerer Hitze in etwa 15 Minuten garen.

2 In der Zwischenzeit den Eisbergsalat von welken Blättern befreien, waschen, trockenschwenken und klein zupfen. Mit Olivenöl, Salz und Pfeffer anmachen und auf vier Teller verteilen.

3 Die Hähnchenwürfel in einem Sieb abtropfen lassen. Dabei die Flüssigkeit auffangen, 5 Esslöffel davon beiseite stellen. Den Rest für eine Suppe verwenden.

4 Champignons putzen und vierteln. Die Ananas schälen und das Fruchtfleisch klein schneiden. Die Mayonnaise mit der Hähnchenflüssigkeit verrühren.

5 Hähnchenfleischwürfel, Champignons und Ananasstücke unterheben. Zuletzt die Banane schälen, in Scheiben schneiden und mit dem Zitronensaft unter die Mayonnaise mengen.

6 Den Hähnchensalat auf dem Eisbergsalat verteilen und mit Currypulver bestäuben.

TIPP Dieser fruchtige Salat ist als Mittagessen ein richtiger Muntermacher.

Gemüselasagne mit Mozzarella

Zutaten für 2 Personen

1 Zucchini • 1 kleine Aubergine • Salz • 2 große Tomaten
200 g frische Champignons • 10–15 EL Olivenöl
weißer Pfeffer • 2 Packungen Mozzarella à 125 g (45 % F. i. Tr.)
200 g H-Schlagsahne

n

1 Zucchini und Aubergine waschen, von Stielenden befreien und in längliche, dünne Scheiben schneiden. Die Auberginenscheiben in kaltes Salzwasser legen.

2 Die Tomaten waschen, Stielansätze entfernen und in Scheiben schneiden. Die Champignons putzen und in Scheiben schneiden. Die Auberginen aus dem Salzwasser nehmen und mit Küchenpapier trockentupfen.

3 In einer Pfanne das Olivenöl portionsweise erhitzen und darin nacheinander Zucchini, Auberginen, Tomaten und Champignons braten. Mit Salz und Pfeffer würzen und auf Küchenpapier legen.

4 Den Mozzarella in dünne Scheibchen schneiden. Eine Auflaufform mit Olivenol ausstreichen. Die Gemüse schichtweise einlegen und dazwischen Käsescheiben legen. Würzen.

5 Den Abschluss bilden Mozzarellascheiben. Die Sahne mit Salz und Pfeffer würzen und darüber gießen, etwas Olivenöl darüber träufeln. Die Gemüselasagne in den auf 220 °C (Umluft 200 °C, Gas Stufe 4–5) vorgeheizten Backofen schieben und in etwa 30 Minuten überbacken.

Eine appetitliche Kruste bekommt die Lasgne, wenn Sie die letzte Lage Mozzarella mit etwas Parmesan und Semmelbröseln bestreuen.

Tipp Mit Vollkornlasagneplatten aus 100 Prozent Hartweizengries (ohne Eizugabe!) können Sie daraus eine Kohlenhydratmahlzeit zaubern.

Rotes Paprikagemüse mit Fetakäse

n

Zutaten für 2 Personen

3 rote Paprikaschoten • 1 Zwiebel • 2 Knoblauchzehen
3 EL Olivenöl • Salz, weißer Pfeffer • 1 EL Butter • 200 g Feta (45 % F. i. Tr.) • 100 g H-Schlagsahne • 1 Eigelb

Hier haben Sie die Möglichkeit, das Gemüse mit viel knusprigem Brot als Kohlenhydratmahlzeit zu genießen. Oder Sie servieren das Gemüse als Vorspeise vor einer Eiweiß- oder Kohlenhydratmahlzeit.

1 Die Paprikaschoten gründlich waschen, halbieren, entkernen und in Streifen schneiden. Die Zwiebel abziehen und in Streifen schneiden. Den Knoblauch abziehen und durch eine Presse drücken.

2 Das Olivenöl in einer Pfanne erhitzen und darin die Zwiebel- und Paprikastreifen 5 bis 8 Minuten andünsten. Mit Salz und Pfeffer würzen.

3 Eine Auflaufform mit etwas Butter ausstreichen und das Paprikagemüse auf dem Boden verteilen. Den Käse sehr klein würfeln und über das Gemüse streuen.

4 Sahne mit dem Eigelb verrühren und löffelweise über das Gemüse verteilen. Die Form in den auf 210 °C (Umluft 190 °C, Gas Stufe 4) vorgeheizten Ofen schieben und etwa 20 Minuten überbacken.

Italienischer Brotsalat

k

Zutaten für 2 Personen

1/2 Ciabatta (150 g) • 3 Tomaten • 1 Zwiebel
1/2 Salatgurke • 5 EL Olivenöl • 3 EL Aceto balsamico
Salz, weißer Pfeffer • 1 Bund frisches Basilikum (je nach Angebot)

1 Das Brot im Ganzen in kaltes Wasser legen. Die Tomaten waschen, von den harten Stielansätzen befreien und in Scheiben schneiden. Die Zwiebel abziehen und in Ringe schneiden.

2 Die Gurke schälen und in Scheiben schneiden. Olivenöl, Essig, Salz und Pfeffer verrühren. Zusammen mit den Zwiebeln, den Tomaten und den Gurken in einer Schüssel locker vermengen.

3 Basilikum waschen, von den Stielen zupfen und grob zerschneiden. Das Brot abgießen, gut ausdrücken und mit den Händen in den Salat bröseln. Basilikum untermengen.

Sollten Sie kein frisches Basilikum bekommen, so variieren Sie mit Petersilie, oder verwenden Sie statt der Kräuter grüne oder schwarze Oliven.

ALDI-Salat exklusiv

Zutaten für 2 Personen

1 Fenchel • 1 Hand voll Feldsalat • 50 g Haselnusskerne
200 g kerniger Frischkäse (20 % F. i. Tr.) • 100 g Sauerrahm/ Schmand • 1 EL Zitronensaft • Salz, weißer Pfeffer
2 EL Olivenöl • 1 EL Essig • 1 saftige Birne

e

1 Den Fenchel putzen, vierteln, vom Strunk befreien und waschen. Dann in feine Streifen schneiden. Den Feldsalat putzen, waschen und in einem Sieb abtropfen lassen.

2 Die Haselnusskerne in ein Tuch geben und mit dem Fleischklopfer zerkleinern. Frischkäse mit Sauerrahm, der Hälfte Zitronensaft, Salz und Pfeffer verrühren.

3 Den Feldsalat mit Olivenöl, Essig, Salz und Pfeffer vermengen und auf zwei große Teller verteilen.

4 Die Birne schälen, entkernen und in dünne Spalten schneiden. Mit dem Frischkäsedressing und dem Fenchel vermengen. Löffelweise auf dem Feldsalat anrichten. Mit gehackten Haselnüssen bestreuen.

Dieser Salat schmeckt auch mit Äpfeln anstelle der Birnen sehr gut.

Radieschenschnee auf Feldsalat

Zutaten für 2 Personen

1/2 Packung Feldsalat • 2 EL Olivenöl • Salz, Pfeffer
1 Bund Radieschen • 100 g H-Schlagsahne

Nach Belieben können Sie die Schlagsahne mit etwas weißem (!) Pfeffer würzen.

1 Den Feldsalat verlesen, waschen und gründlich abtropfen lassen. Mit Olivenöl, Salz und Pfeffer anmachen und auf zwei Teller verteilen.
2 Radieschen waschen und auf einer Küchenreibe grob raspeln. Leicht salzen, gezogenes Wasser wegschütten.
3 Die Sahne mit einem elektrischen Rührgerät steif schlagen und die Radieschen darunter ziehen.
4 Den Radieschenschnee auf dem Feldsalat dekorativ anrichten.

Tipp Servieren Sie diesen Salat als Vorspeise oder als neutrale Beilage zu einer Kohlenhydrat- oder Eiweißmahlzeit. Oder genießen Sie ihn mit Ciabatta oder Kräuterbaguette als Kohlenhydratmahlzeit.

Chicorée mit Tomatendressing

Zutaten für 2 Personen

2 große Tomaten • 1 Eigelb • 1 TL scharfer Senf • 50 ml Olivenöl • Salz, weißer Pfeffer • 4 Chicorée

1 Die Tomaten überbrühen, abziehen, entkernen und klein würfeln. Mit einem elektrischen Handrührgerät Eigelb und Senf cremig rühren. Das Olivenöl langsam unterschlagen.
2 Das Dressing mit Salz und weißem Pfeffer würzen. Die Tomatenwürfel unterheben.

3 Den Chicorée putzen, waschen und gründlich abtropfen lassen. Die Blätter quer in dünne Streifen schneiden.

4 Die Chicoréestreifen auf zwei Tellern dekorativ anrichten und mit dem Tomatendressing überziehen.

Wer den Chicorée nicht so bitter mag, muss den Strunk großzügig ausschneiden.

Tipp Dieser Salat lässt sich mit Räucherlachsstreifen oder mit gehackten Walnüssen variieren, so schmeckt er besonders gut im Winter. Das Dressing können Sie auch für Blattsalate oder andere Rohkost, wie z. B. Möhren oder Fenchel, verwenden.

Rote-Bete-Salat mit Graved Lachs

Zutaten für 2 Personen

1/2 Kopfsalat • 2 EL Olivenöl • 1 EL Essig • Salz, Pfeffer • 1/2 Glas rote Bete in Scheiben • 1 Zwiebel • 150 g Graved Lachs

e

1 Den Kopfsalat entblättern, gründlich waschen und in einem Sieb gut abtropfen lassen. Die Blätter quer in breite Streifen schneiden und in einer Schüssel mit Olivenöl, Essig, Salz und Pfeffer anmachen.

2 Die Salatstreifen auf zwei große Teller verteilen. Die Rote Bete in Streifen schneiden und darüber streuen.

3 Die Zwiebel abziehen, halbieren und in dünne Streifen schneiden. Dann über die Rote Bete verteilen. Die einzelnen Lachsscheiben aufrollen und auf dem Salat hübsch anrichten.

Tipp Anstatt Graved Lachs können Sie auch Räucherlachs oder Krabben in Lake verwenden. Dazu passt ein Glas Weißwein.

Kartoffeln, Nudeln und Reis

In diesem Kapitel finden Sie eine ganze Reihe von Rezepten für kohlenhydratreiche Gerichte, die gemäß den Trennkostregeln Dr. Hays besonders als Abendessen geeignet sind.

Überbackene Kartoffeln und Sellerie

Zutaten für 2 Personen
1 EL Butter • 400 g Kartoffeln • 1 Knolle Sellerie (400 g)
Salz, Pfeffer • 150 g Gouda in Scheiben (48 % F. i. Tr.)
100 ml Gemüsebrühe (Instant) • 200 g Sahne • 2 EL Butter

k

1 Den Backofen auf 200 °C (Umluft 180 °C, Gas Stufe 3–4) vorheizen und eine Auflaufform mit Butter ausstreichen. Die Kartoffeln waschen, schälen und in dünne Scheiben schneiden.

2 Den Sellerie putzen, waschen, vierteln und in dünne Scheiben schneiden. Kartoffeln und Sellerie abwechselnd dachziegelartig in die Form schichten. Mit Salz und Pfeffer würzen.

3 Den Gouda in Streifen schneiden und kreuzweise über das Gemüse legen. Die Gemüsebrühe mit Sahne verrühren und gleichmäßig über das Gemüse gießen. Mit Butterflöckchen belegen. Im Ofen in etwa 40 Minuten überbacken.

TIPP Noch schmackhafter wird der Kartoffelauflauf, wenn Sie die Sahne mit einem Eigelb verrühren.

Ein Klassiker der italienischen Küche: Reistopf mit Erbsen (Rezept siehe Seite 65). Reis entwässert, enthält als Vollkornreis viele Ballaststoffe und ist am gesündesten, wenn er mit frischen Hülsenfrüchten kombiniert wird.

Kartoffelbrei mit Rahmkohlrabi

Zutaten für 2 Personen

k

400 g Kartoffeln • Salz • 1 Kohlrabi • 3 EL weiche Butter schwarzer Pfeffer • 200 ml warme H-Schlagsahne gemahlene Muskatnuss

Mischen Sie unter den Kartoffelbrei junge Erbsen und 1 Teelöffel scharfen Senf – eine schmackhafte Variante.

1 Die Kartoffeln waschen, schälen und in wenig Salzwasser garen. Inzwischen den Kohlrabi putzen, schälen und in Stifte schneiden. In einem Topf die Hälfte der Butter erhitzen und darin den Kohlrabi etwa 5 Minuten andünsten. Mit Salz und Pfeffer würzen.

2 Die Kartoffeln abgießen und noch heiß durch eine Presse drücken. Mit 100 Milliliter Schlagsahne sowie der restlichen Butter verquirlen. Mit Salz, Pfeffer und Muskatnuss würzen. Bis zum Servieren zugedeckt warmstellen.

3 Den Kohlrabi mit Sahne aufgießen und etwas einkochen lassen. Den Kartoffelbrei auf zwei vorgewärmte Teller verteilen und den Rahmkohlrabi darüber geben.

Folienkartoffeln mit Bohnenfüllung

Zutaten für 2 Personen

k

4 gleich große Kartoffeln • Salz • 1 Zwiebel • 2 Knoblauchzehen • 2 EL Olivenöl • 1 Dose rote Kidneybohnen (425 g) schwarzer Pfeffer • 100 g H-Sauerrahm/Schmand

1 Den Backofen auf 220 °C (Umluft 200 °C, Gas Stufe 4–5) vorheizen. Die Kartoffeln waschen, abtrocknen und mit je 1 Prise Salz einzeln in Alufolie wickeln. Die Kartoffeln im Backofen, je nach Größe, in etwa 40 Minuten garen.

2 Die Zwiebel und den Knoblauch abziehen und fein würfeln. In einem Topf das Olivenöl erhitzen und darin die Zwiebel- und Knoblauchwürfel andünsten. Die Bohnen mit Saft hinzufügen und aufkochen. Mit Salz und Pfeffer würzen.

3 Die Kartoffeln aus dem Ofen nehmen und im Ganzen servieren. Den Bohnentopf mit Sauerrahm verfeinern und in einer Schüssel servieren.

Die Bohnenfüllung können Sie zusätzlich mit geraspelter Zucchini oder mit Maiskörnern variieren.

Kartoffelrösti mit Kräuterquark

Zutaten für 2 Personen

1 kg Kartoffeln • 1 kleine Zwiebel • Salz, schwarzer Pfeffer
1 TL Stärkemehl • 1 Eigelb • 50 g Pflanzenfett • 200 g Kräuterquark

k

1 Kartoffeln waschen, schälen und auf einer Küchenreibe raspeln. Den Kartoffelsaft ausdrücken und abgießen. Die Zwiebel abziehen und dazu reiben.

2 Das Ganze mit Salz, Pfeffer, Stärkemehl und dem Eigelb verkneten.

3 In einer größeren Pfanne Pflanzenfett erhitzen und darin handtellergroße Rösti braten. Dazu je 1 Esslöffel Kartoffelteig in das heiße Fett setzen und mit der Löffelunterseite platt drücken. Sobald die erste Seite gut angebraten ist, wenden.

4 Die Kartoffelrösti auf zwei vorgewärmte Teller verteilen und mit Kräuterquark bestreichen.

TIPP Sie können auch einen einfachen Speisequark kaufen und diesen mit reichlich frischen Kräutern, Salz und Pfeffer würzen.

Spaghetti mit grünem Spargel

Zutaten für 2 Personen

200 g Spaghetti (100 % Hartweizengrieß) • Salz • 4 EL Olivenöl • 1/2 Paket grüner Spargel (250 g) • 2 Knoblauchzehen 1 EL Butter • schwarzer Pfeffer • 100 g geriebener Emmentaler (45 % F. i. Tr.)

Sie können anstelle des frischen grünen Spargels auch Stangenspargel aus dem Glas verwenden. Dieser ist jedoch gekocht und braucht in der Pfanne nur erhitzt zu werden.

1 Die Spaghetti nach Packungsaufschrift in reichlich Salzwasser mit 1 Esslöffel Olivenöl bissfest garen. In der Zwischenzeit den grünen Spargel waschen, holzige Enden abschneiden und den Spargel in kurze Stücke schneiden.

2 Die Knoblauchzehen abziehen und fein würfeln. In einer großen Pfanne das restliche Olivenöl erhitzen und darin die Knoblauchwürfel und den Spargel 8 bis 10 Minuten dünsten. Butter hinzufügen und mit Salz und Pfeffer würzen.

3 Die Spaghetti in ein Sieb abgießen, gut abtropfen lassen und locker unter die Spargelpfanne mischen. Nochmals abschmecken und kurz vor dem Servieren den Käse unterheben.

Überbackener Spargelreis

Zutaten für 2 Personen

1 Bund weißer Spargel (500 g) • Salz • 1 TL Zitronensaft 3 EL Butter • 200 g Parboiled Spitzenreis • weißer Pfeffer 100 g geriebener Emmentaler (45 % F. i. Tr.)

1 Den Spargel waschen, gründlich schälen und dabei holzige Stellen abschneiden. In reichlich Salzwasser mit dem Zitronensaft sowie 1 Teelöffel

Butter in knapp 20 Minuten garen.

2 In der Zwischenzeit den Reis nach Packungsaufschrift in genügend Salzwasser in etwa 18 Minuten garen. Dann den Reis abgießen und abtropfen lassen.

3 Den Spargel aus dem Wasser nehmen, abtropfen lassen und in etwa 2 Zentimeter lange Stücke schneiden. Den Backofen auf Grillstufe vorheizen.

4 In einer Pfanne 2 Esslöffel Butter schmelzen lassen. Reis und Spargel unter Schwenken andünsten. Mit Salz und Pfeffer würzen.

5 Den Käse über die Spargelpfanne streuen und mit der restlichen Butter belegen. Im Ofen kurz überbacken. In der Pfanne servieren.

TIPP Sollte grüner Spargel im Angebot sein, dann verwenden Sie diesen. Dazu den Spargel nur waschen, in Stücke schneiden und in der Pfanne knapp 10 Minuten in Butter dünsten.

Grüner Spargel enthält Chlorophyll, da er im Sonnenlicht wächst. Er verfügt über mehr gesunde Inhaltsstoffe und einen kräftigeren Geschmack als sein weißer Kollege.

Überbackene Bratkartoffeln mit Bohnen

Zutaten für 2 Personen

k

300 g gekochte Kartoffeln vom Vortag • 5 EL Sonnenblumenöl • Salz, schwarzer Pfeffer • 1 TL Kümmel • 250 g Delikatessbohnen aus der Dose (580 g) • 100 g Dänischer Blauschimmelkäse (70 % F. i. Tr.)

Dazu passt gemischter Salat. Den Käse können Sie auch ohne Backofen schmelzen lassen. Dazu einfach die Pfanne etwa 5 Minuten mit einem Deckel verschließen.

1 Die Kartoffeln pellen und in Scheiben schneiden. In einer ofenfesten Pfanne das Sonnenblumenöl erhitzen und darin die Kartoffeln unter mehrmaligem Wenden etwa 15 Minuten braten. Mit Salz, Pfeffer und Kümmel würzen.

2 Den Backofen auf 200 °C (Umluft 180 °C, Gas Stufe 3–4) vorheizen. Die Bohnen abtropfen lassen, nach Belieben halbieren und mit den Kartoffeln weitere 5 Minuten braten. Nochmals würzen.

3 Den Käse zerkleinern und gleichmäßig darüber verteilen. Das Ganze kurz im Ofen überbacken und in der Pfanne servieren.

Käsespätzle mit Zwiebeln

Zutaten für 2 Personen

k

Butter für die Form • 200 g Mehl • 3 Eigelbe • 100 ml Mineralwasser • 1/2 TL Salz • 2 große Zwiebeln • 50 g Butter 150 g geriebener Allgäuer Emmentaler (45 % F. i. Tr.)

1 Den Backofen auf 200 °C (Umluft 180 °C, Gas Stufe 3–4) vorheizen und eine Auflaufform mit Butter ausstreichen. Mit den Knethaken eines elektrischen Handrührgeräts Mehl, Eigelbe,

Mineralwasser und Salz zu einem Teig rühren.

2 Mit einem Spätzlehobel den Teig portionsweise in siedendes Salzwasser hobeln. Die Spätzle 5 Minuten kochen, in ein Sieb gießen und mit kaltem Wasser abschrecken. Gründlich abtropfen lassen.

3 Die Zwiebeln abziehen und in dünne Ringe schneiden. 30 Gramm Butter in einer Pfanne erhitzen und darin die Zwiebelringe 8 bis 10 Minuten anbraten.

4 Spätzle, Zwiebeln und Käse in die Auflaufform schichten, dabei mit Käse abschließen. Restliche Butter in Flöckchen darüber geben und die Spätzle im Ofen in etwa 15 Minuten überbacken.

Die fertigen Spätzle bei ALDI sind mit ganzen Eiern hergestellt, passen also nicht in die Trennkostküche.

Blumenkohlpfanne mit Farfalle

k

Zutaten für 2 Personen

1 kleiner Kopf Blumenkohl • Salz • 1 Zwiebel • 2 EL Butter 200 g Sahne • schwarzer Pfeffer • 200 g gekochte Farfalle

1 Den Blumenkohl putzen, in kleine Röschen teilen und gründlich waschen. Die Röschen in kochendes Salzwasser geben und in etwa 3 Minuten bissfest garen. In ein Sieb gießen und abtropfen lassen.

2 Die Zwiebel abziehen und fein würfeln. In einer großen Pfanne die Butter erhitzen und darin die Zwiebelwürfel glasig dünsten. Die Blumenkohlröschen hinzufügen, kurz andünsten und mit Sahne aufgießen.

3 Die Blumenkohlpfanne mit Salz und schwarzem Pfeffer würzen und 5 Minuten einkochen lassen. Die vorgekochten Nudeln unterheben, nochmals abschmecken und in der Pfanne sofort servieren.

Gemüsereis aus dem Backofen

Zutaten für 2–3 Personen

k

1 Zwiebel • 2 Knoblauchzehen • 4 EL Olivenöl • 200 g Reis
Salz, schwarzer Pfeffer • 1/2 l Gemüsebrühe (Instant)
200 g Mexikanische Gemüseplatte (425 g Dose)

Wenn Sie die doppelte Menge herstellen, können Sie den Rest für einen Reissalat verwenden. Dazu frisches Gemüse wie Zucchini, Gurken, Tomaten und gedünsteten Blumenkohl unter den Reis heben.

1 Den Backofen auf 200 °C (Umluft 180 °C, Gas Stufe 3–4) vorheizen. Die Zwiebel und die Knoblauchzehen abziehen und fein würfeln. In einem Bräter das Olivenöl erhitzen und darin Zwiebel- und Knoblauchwürfel andünsten.

2 Den Reis einrühren und einige Minuten mitdünsten. Mit Salz und Pfeffer würzen und mit Gemüsebrühe aufgießen. Nach dem ersten Aufkochen den Bräter in den Ofen schieben und den Reis in etwa 30 Minuten garen. Dabei einige Male umrühren.

3 Das Gemüse in einem Sieb abtropfen lassen und unter den Reis mischen. Nochmals abschmecken und im ausgeschalteten Ofen knapp 10 Minuten ziehen lassen.

Kartoffeln mit Champignonsahne

Zutaten für 2 Personen

k

500 g Kartoffeln • Salz • 1 große Zwiebel • 500 g Champignons • 2 EL Butter • 200 g H-Schlagsahne • Pfeffer
100 g geriebener Emmentaler (45 % F. i. Tr.)

1 Die Kartoffeln waschen, schälen und in Salzwasser etwa 20 Minuten garen. In der Zwischenzeit die Zwiebel abziehen und fein würfeln.

2 Die Champignons putzen und in Scheiben

schneiden. In einer Pfanne die Butter erhitzen und darin die Zwiebel andünsten.

3 Die Champignons hinzufügen und so lange dünsten, bis der Pilzsaft aufgesogen ist. Mit Sahne übergießen und mit Salz und Pfeffer würzen. 5 Minuten leise kochen lassen und die Pfanne vom Herd ziehen.

4 Die Kartoffeln abgießen, kurz ausdampfen lassen und in Scheiben schneiden. Auf zwei Tellern mit der Champignonsahne anrichten. Käse darüber streuen.

Für ein Gratin geben Sie das Gericht in eine Auflaufform und überbacken es in etwa 10 Minuten.

Zucchini-Kartoffel-Auflauf

Zutaten für 2 Personen

2 EL Butter für die Form • 1 Zucchini (etwa 150 g) • 100 g Gemüsemais aus der Dose (425 g) • 500 g Kartoffeln • Salz, schwarzer Pfeffer • 200 g H-Schlagsahne • 2 Eigelbe • 100 g geriebener Emmentaler (45 % F. i. Tr.) • 2 EL Butterflöckchen

1 Den Backofen auf 220 °C (Umluft 200 °C, Gas Stufe 4–5) vorheizen und eine Auflaufform mit Butter ausstreichen. Zucchini waschen, vom Stielende befreien und in Scheiben schneiden.

2 Gemüsemais abtropfen lassen. Die Kartoffeln waschen, schälen und in Scheiben schneiden. Zucchini und Kartoffeln abwechselnd dachziegelartig in die Auflaufform schichten.

3 Den Gemüsemais darüber streuen und mit Salz und Pfeffer würzen. Die Sahne mit den Eigelben und dem Käse vermischen. Über das Gemüse gießen und mit Butterflöckchen belegen.

4 Die Form in den Backofen schieben und den Auflauf etwa 30 Minuten backen.

Zum Überbacken können Sie auch andere Käsesorten mit mindestens 45 % F. i. Tr. verwenden.

Überbackene Tortelloni

k

Zutaten für 2–3 Personen

1 Packung Tortelloni mit Spinat-Käse-Füllung (250 g) • Salz 4 EL Olivenöl • 4 Knoblauchzehen • 1 Zwiebel • 1 Dose geschälte Tomaten (425 g) • 1 EL Butter für die Form • schwarzer Pfeffer • 100 g Sahne • 100 g geriebener Emmentaler (45 % F.i. Tr.)

1 Die Tortelloni nach Packungsaufschrift in reichlich kochendem Salzwasser bissfest garen. In ein Sieb abgießen und mit der Hälfte des Olivenöls vermengen.

2 Die Knoblauchzehen und die Zwiebel abziehen und fein würfeln. Die Tomaten klein schneiden und die Stücke zurück in den Saft legen.

3 Den Backofen auf 200 °C (Umluft 180 °C, Gas Stufe 3–4) vorheizen und eine Auflaufform mit der Hälfte der Butter aus-

Wenn Besuch kommt und viel Hunger mitbringt, ist ein knusprig überbackener Nudelauflauf genau das Richtige.

streichen. In einer Pfanne das restliche Olivenöl erhitzen und darin Knoblauch- und Zwiebelwürfel dünsten.

4 Die Tomaten zusammen mit dem Saft hinzufügen, etwa 5 Minuten einkochen lassen und mit Salz und Pfeffer würzen. Mit Sahne aufgießen, etwas einkochen lassen.

5 Tortelloni mit Tomatensahne abwechselnd in die Auflaufform schichten. Käse darüber streuen und restliche Butter darüber geben. Im Ofen in etwa 20 Minuten überbacken.

Tipp Dieses Rezept lässt sich mit anderen Nudelsorten oder Nudelresten beliebig variieren.

Italienischer Reistopf mit Erbsen

Zutaten für 2 Personen

1 Zwiebel • 2 EL Butter • 200 g Langkornreis • Salz, schwarzer Pfeffer • 1/2 l Gemüsebrühe (Instant) • 200 g Junge Erbsen sehr fein (425 g Dose) • 125 g Mozzarella (45 % F.i. Tr.)

k

1 Die Zwiebel abziehen und fein würfeln. In einem Topf die Butter erhitzen und darin die Zwiebelwürfel glasig dünsten. Den Reis einrühren und alles mit Salz und Pfeffer würzen.

2 Den Reis mit Brühe aufgießen. Nach dem ersten Aufkochen die Hitze zurückdrehen und den Reis unter häufigem Umrühren knappe 20 Minuten garen.

3 Die Erbsen abgießen und zum Erhitzen unter den Reistopf rühren. Den Mozzarella abtropfen lassen und in kleine Stückchen schneiden. Unter den Reistopf mischen und, sobald er Fäden zieht, servieren.

In der italienischen Küche gibt es den berühmten Reis-Erbsen-Topf »Risi e bisi«. Dazu wird gewürfelter Speck, Fleischbrühe und Parmesan verwendet.

Spaghetti-Zucchini-Pfanne

Zutaten für 2 Personen

k *200 g Spaghetti (100 % Hartweizengries) • Salz • 4 EL Olivenöl • 250 g Zucchini • 3 Knoblauchzehen • Salz, Pfeffer 100 g Sahne*

Geben Sie unter die Spaghetti-Zucchini-Pfanne geriebenen Emmentaler (45 % F. i. Tr.). Dazu schmeckt ein Gläschen trockener Rotwein.

1 Die Spaghetti in reichlich Salzwasser mit 1 Esslöffel Olivenöl bissfest garen. Die Zucchini waschen und Stielenden entfernen. Dann längs vierteln und quer in dünne Scheibchen schneiden.

2 Die Knoblauchzehen abziehen und fein würfeln. In einer Pfanne das restliche Olivenöl erhitzen und darin den Knoblauch andünsten.

3 Die Zucchini hinzufügen und unter Schwenken kurz andünsten. Mit Salz und Pfeffer würzen, mit Sahne aufgießen.

4 Die Spaghetti in ein Sieb gießen, kurz abtropfen lassen und locker unter die Zucchinipfanne mengen. Sofort servieren.

Spaghetti formaggio

Zutaten für 2 Personen

k *200 g Spaghetti (100 % Hartweizengries) • Salz • 1 EL Olivenöl • 50 g Mozzarella (45 % F. i. Tr.) • 50 g holländischer Gouda (48 % F. i. Tr.) • 2 EL Butter • 50 g geriebener Emmentaler (45 % F. i. Tr.) • Pfeffer • einige Blätter frisches Basilikum*

1 Die Spaghetti in reichlich Salzwasser mit 1 Esslöffel Olivenöl bissfest garen. Den Mozzarella möglichst klein würfeln und den Gouda auf einer Küchenreibe fein raspeln.

2 Eine Schüssel in ein heißes Wasserbad geben und darin die Butter

schmelzen. Die drei Käsesorten in der Butter cremig rühren. Mit Salz und viel Pfeffer würzen.
3 Die Spaghetti in ein Sieb abgießen, abtropfen lassen und in der Schüssel zusammen mit dem Käse locker vermengen. Mit gehacktem Basilikum bestreuen und sofort servieren.

Kartoffelpfanne Rhodos

Zutaten für 2 Personen

500 g Pellkartoffeln vom Vortag • 1 Zwiebel • 5 EL Olivenöl Salz, Pfeffer • 100 g Feta (45 % F. i. Tr.) • 100 g grüne oder schwarze Oliven (je nach Angebot)

k

1 Die Kartoffeln pellen und in Scheiben schneiden. Die Zwiebel abziehen, halbieren und in feine Streifen schneiden.
2 In einer größeren Pfanne das Olivenöl erhitzen und darin die Zwiebelstreifen andünsten. Die Kartoffeln hinzufügen und unter häufigem Wenden etwa 15 Minuten braten. Mit Salz und Pfeffer würzen.
3 In der Zwischenzeit den Käse in etwa 1 Zentimeter kleine Würfel schneiden. Die Oliven in ein Sieb gießen und abtropfen lassen. Dann halbieren.
4 Sobald die Kartoffeln gut angebraten sind, den Käse und die Oliven unterheben. Etwa 5 bis 10 Minuten weiterbraten und mit Salz und Pfeffer würzen. Sofort servieren.

Wer bequem ist, greift zu grünen Oliven: Die erhält man oft schon entsteint.

TIPP Dazu passt ein gemischter Salat aus Champignons, Tomaten, Blattsalaten und Zucchini. Das griechische Kartoffelgericht schmeckt am besten, wenn es direkt aus der Pfanne gegessen wird.

Camembertkartoffeln

k

Zutaten für 2 Personen

500 g Kartoffeln • Salz • 1 EL Butter • 125 g Deutscher Camembert (45 % F. i. Tr.) • Pfeffer • Paprikapulver 50 g H-Schlagsahne

Dazu passt Feldsalat mit Mandelblättchen oder Eisbergsalat. Pellkartoffeln vom Vortag sind ideal für diesen Auflauf.

1 Die Kartoffeln waschen, schälen und in Salzwasser gar kochen. Eine Auflaufform mit Butter ausstreichen und den Backofen auf 200 °C (Umluft 180 °C, Gas Stufe 3–4) vorheizen.

2 Den Camembert längs halbieren und in dünne Scheibchen schneiden.

3 Die Kartoffeln abgießen, kurz auskühlen lassen und in Scheiben schneiden. Den Boden der Form mit Kartoffeln auslegen und mit Käsescheiben belegen. Noch eine Lage Kartoffeln darüber geben und mit Käse abschließen. Dabei jede Schicht mit Salz, Pfeffer und Paprika würzen.

4 Die Sahne über den Käse träufeln und die Form in den vorgeheizten Ofen schieben. Etwa 20 Minuten überbacken.

Röstiecken mit Brokkolirahm

k

Zutaten für 2 Personen

8 Röstiecken (TK-Ware) • 1 kleine Zwiebel • 500 g Brokkoli 2 EL Butter • Salz, Pfeffer • 200 g H-Schlagsahne

1 Die Röstiecken auf ein Backblech legen und im Backofen bei 220 °C (Umluft 200 °C, Gas Stufe 4–5) etwa 20 Minuten backen.

2 In der Zwischenzeit die Zwiebel abziehen und fein würfeln. Den Brokkoli in Röschen teilen und nach Belieben einen Teil der Stängel in dünne Scheibchen schneiden.

3 Die Butter in einem Topf erhitzen, darin den Brokkoli andünsten. Mit Salz und Pfeffer würzen und mit Sahne aufgießen. Etwa 5 Minuten leise kochen lassen.

4 Die Röstiecken aus dem Ofen nehmen und auf zwei Teller verteilen. Mit Brokkolirahm überziehen.

TIPP Sie können die Röstiecken zusätzlich mit Käse bestreuen und im Ofen überbacken oder mit Mandelblättchen garnieren.

Spaghetti mit zweierlei Röschen

Zutaten für 2 Personen

400 g Blumenkohl und Brokkoli • Salz • 200 g Spaghetti (100 % Hartweizengries) • 1 EL Butter • Pfeffer 100 g H-Schlagsahne

1 Den Blumenkohl und den Brokkoli in Röschen teilen und waschen. Anschließend in kochendes Salzwasser geben und etwa 5 Minuten leise kochen lassen.

2 Die Spaghetti in reichlich Salzwasser nach Packungsaufschrift bissfest garen. Das Gemüse in ein Sieb gießen und abtropfen lassen; dabei 100 Milliliter Sud für die weitere Verwendung aufbewahren.

3 In einer Pfanne die Butter erhitzen und die Gemüseröschen andünsten. Mit Salz und Pfeffer würzen. Mit Blumenkohlsud und Sahne aufgießen und kurz aufkochen.

4 Die Spaghetti in ein Sieb gießen, kurz abtropfen lassen und unter die Röschenpfanne mengen. Nochmals abschmecken.

Sie können die Röschenpfanne auch mit Käse bestreuen und kurz im Ofen überbacken.

Nudelsalat mit Gemüse

Zutaten für 2 Personen

k

200 g Kaisergemüse (TK-Ware) • 1 Zwiebel • 1 EL Butter
Salz, Pfeffer • 300 g gekochte Nudeln (100 % Hartweizen-gries) • 50 g Schmand • 1 TL scharfer Senf • 5 EL warme Gemüsebrühe

Je nach Saison können Sie den Nudelsalat mit frischen Gemüsen variieren.

1 Das gefrorene Kaisergemüse in ein Sieb gießen und mit warmem Wasser kurz spülen. Die Zwiebel abziehen und fein würfeln.
2 Die Butter in einer Pfanne erhitzen und darin die Zwiebel dünsten. Das Gemüse hinzufügen und einige Minuten andünsten. Mit Salz und Pfeffer würzen, dann beiseite stellen.
3 Nudeln und Gemüse in einer Schüssel locker vermengen. Den Schmand mit Senf, Salz, Pfeffer und Gemüsebrühe verrühren. Gründlich unter den Nudelsalat mischen. Nochmals abschmecken.

Folienkartoffeln mit Champignons

Zutaten für 2 Personen

k

4 mittlere Kartoffeln • Salz • 500 g frische Champignons
1/2 l Gemüsebrühe (Instant) • Pfeffer • 4 EL Olivenöl

1 Die Kartoffeln waschen, trockentupfen und einzeln mit je 1 Prise Salz in Alufolie einpacken. Auf ein Backblech legen und in den auf 220 °C (Umluft 200 °C, Gas Stufe 4–5) vorgeheizten Ofen schieben. Je nach Größe der Kartoffeln, etwa 45 Minuten backen.
2 Die Champignons putzen und je nach Größe halbieren oder vierteln. In

einem Topf die Gemüsebrühe aufkochen und die Champignons einstreuen. Mit Salz und Pfeffer würzen und die Champignons 5 Minuten kochen lassen.

3 Das Olivenöl langsam in den Topf gießen. Nochmals umrühren und den Topf beiseite stellen. Die Champignons zusammen mit dem Sud in zwei Portionsschalen verteilen.

4 Die Kartoffeln aus dem Ofen nehmen und je 2 auf einen Teller legen. Einschneiden, die Öffnung auseinander drücken und die Champignons mit etwas Sud einfüllen. Heiß servieren.

Ofenkartoffeln mit Käsespinat

Zutaten für 2 Personen

8 kleine bis mittlere Kartoffeln • Salz, Pfeffer • Paprikapulver Kümmel • 4 EL Olivenöl • 1 Packung Rahmspinat (TK-Ware, 450 g) • 50 g geriebener Emmentaler (45 % F. i. Tr.)

k

1 Die Kartoffeln waschen, schälen und auf ein Backblech legen. Mit Salz, Pfeffer, Paprikapulver und Kümmel würzen und mit Olivenöl beträufeln.

2 Die Kartoffeln in den auf 220 °C (Umluft 200 °C, Gas Stufe 4–5) vorgeheizten Ofen schieben und je nach Größe der Kartoffeln etwa 30 Minuten backen. Zwischendurch 1- bis 2-mal wenden.

3 Den Rahmspinat in einem Topf oder in der Mikrowelle mit ein paar Löffeln Wasser erhitzen. Würzen und den Käse unterheben.

4 Die Kartoffeln auf zwei vorgewärmte Teller verteilen. Je nach Belieben mit dem Käsespinat überziehen oder ihn daneben anrichten.

Dazu passt ein Möhrensalat mit viel Knoblauch und Pfeffer und als Nachspeise frisches Obst.

Gratinierter Gemüsereis

Zutaten für 2 Personen

k

200 g Parboiled Reis • Salz • 2 große Tomaten • 1 kleine Zucchini • 2 Knoblauchzehen • 4 EL Olivenöl • Pfeffer Butter für die Form • 125 g Mozzarella • 2 EL Butter

Wenn Sie den Gemüsereis etwas deftiger wünschen, geben Sie einige klein geschnittene Peperoni und einige Blätter Oregano hinzu.

1 Den Reis in reichlich Salzwasser in etwa 20 Minuten garen. In der Zwischenzeit die Tomaten waschen und in Scheiben schneiden.

2 Die Zucchini waschen, abtropfen lassen, das harte Stielende entfernen und die Zucchini in Scheiben schneiden. Die Knoblauchzehen abziehen und fein würfeln.

3 Den Reis in ein Sieb gießen und abtropfen lassen. In einer Pfanne das Olivenöl portionsweise erhitzen und darin die Tomaten- und Zucchinischeiben anbraten. Mit Salz und Pfeffer kräftig würzen.

4 Eine Auflaufform mit Butter ausstreichen und den Boden mit den Tomatenscheiben auslegen. Darüber die Hälfte Reis streuen und mit Zucchinischeiben belegen. Darauf den restlichen Reis geben. Jede Schicht mit Salz, Pfeffer und etwas Knoblauch würzen.

5 Den Mozzarella abtropfen lassen, in dünne Scheiben schneiden und auf der Oberfläche verteilen. Das Gratin mit Butterflöckchen belegen und in den vorgeheizten Backofen bei 210 °C (Umluft 190 °C, Gas Stufe 4) schieben. Die Garzeit beträgt etwa 25 Minuten.

TIPP Beträufeln Sie den Gemüsereis mit etwas Sahne oder Gemüsebrühe, dann wird er noch saftiger. Die Zucchini sind mit saisonalem Gemüse bzw. dem Angebot des Tages austauschbar.

Lauch-Kartoffel-Auflauf

Zutaten für 2 Personen

500 g Kartoffeln • Salz • 2 große Stangen Lauch • 3 EL Butter weißer Pfeffer • 1/8 l klare Gemüsebrühe (Instant) • Butter für die Form • 200 g H-Sauerrahm/Schmand • 50 g geriebener Emmentaler (45 % F. i. Tr.)

k

1 Die Kartoffeln waschen und in Salzwasser garen. In der Zwischenzeit den Lauch putzen, längs halbieren und zwischen den Blattschichten waschen. Dann quer in dünne Streifen schneiden.

2 Die Hälfte der Butter erhitzen und darin den Lauch etwa 5 Minuten andünsten. Mit Salz und Pfeffer würzen und mit Gemüsebrühe aufgießen.

3 Die Kartoffeln abgießen, ausdampfen lassen und pellen. Eine Auflaufform mit Butter ausstreichen. Die Kartoffeln in Scheiben schneiden und einen Teil auf den Boden der Form legen.

4 Den Lauch mit dem Schmand verrühren und die Hälfte dieser Mischung auf den Kartoffeln verteilen. Darauf die restlichen Kartoffeln legen und mit dem Rest Lauch abschließen.

5 Den geriebenen Emmentaler darüber streuen und die restliche Butter im Flöckchen darauf verteilen. Den Auflauf in den vorgeheizten Backofen schieben und bei 210 °C (Umluft 190 °C, Gas Stufe 4) in etwa 30 Minuten gratinieren.

Vorsicht beim Andünsten des Lauchs! Er darf auf keinen Fall anbräunen, sonst schmeckt er bitter.

TIPP Genießen Sie als Getränk ein gut gekühltes Bier dazu. Das schmeckt nicht nur herrlich erfrischend, sondern entspricht auch ganz den Trennkostregeln. Der stärkehaltige Gerstensaft wird schließlich nicht umsonst flüssiges Brot genannt.

Warmer Kartoffelsalat mit Rettich

Zutaten für 2 Personen

750 g Kartoffeln • Salz • 1 große Zwiebel • 1 Knoblauchzehe 5 EL Pflanzenöl • 150 ml Gemüsebrühe (Instant) • 1 Rettich 1 TL scharfer Senf • 1 EL Essiggurkenwasser • 2–3 EL Essig weißer Pfeffer

Der Kartoffelsalat schmeckt natürlich auch kalt – etwa am nächsten Tag. So richtig gut ist er aber ganz frisch, eben noch lauwarm.

1 Kartoffeln waschen und mit der Schale in Salzwasser garen. Zwiebel und Knoblauch abziehen und würfeln.

2 Kartoffeln abgießen, pellen, in Scheiben schneiden, in eine Schüssel legen. Öl in einer Pfanne erhitzen und darin die Zwiebel- und Knoblauchwürfel dünsten.

3 Den Pfanneninhalt mit Brühe ablöschen, aufkochen lassen und über die Kartoffeln gießen. Den Rettich dünn ein-, aber nicht durchschneiden, salzen.

4 Den Kartoffelsalat mit Senf, Essiggurkenwasser, Essig, Salz und Pfeffer würzen. Mit dem Rettich servieren.

Risotto mit Wurzelgemüse

Zutaten für 2 Personen

1 Zwiebel • 2 Knoblauchzehen • 2 kleine Möhren • 1/2 Lauchstange • 4 EL Olivenöl • 200 g Parboiled Reis • 1/2 l Gemüsebrühe • Salz, Pfeffer • 1 EL Butter • 50–80 g geriebener Emmentaler (45 % F. i. Tr.)

1 Zwiebel und Knoblauch abziehen und würfeln. Die Möhren schälen und in kleine Würfel schneiden. Die Lauchstange putzen, zwischen den Blattschichten waschen und würfeln.

2 In einem Topf das Olivenöl erhitzen und darin die Gemüsewürfel andünsten. Den Reis einrühren, kurz mitdünsten und mit der Hälfte der Brühe aufgießen.

3 Den Reistopf unter häufigem Rühren garen. Ist die Flüssigkeit aufgesogen, Gemüsebrühe zugießen. Mit Salz und Pfeffer würzen.

4 Die Garzeit beträgt insgesamt etwa 20 Minuten. Der Reis soll noch etwas nass sein. Kurz vor dem Servieren die Butter und den Käse unterheben. Sofort servieren.

Auberginenreis mit Tomaten

Zutaten für 2 Personen

1 Aubergine • Salz • 2 Tomaten • 1 Zwiebel • 2 Knoblauchzehen • 5 EL Olivenöl • 200 g gekochter Reis • Pfeffer

k

1 Die Aubergine waschen und in etwa 1 Zentimeter große Würfel schneiden. In eine Schüssel legen und mit kaltem Salzwasser übergießen; etwa 20 Minuten ziehen lassen.

2 In der Zwischenzeit die Tomaten überbrühen, abziehen, entkernen und in Streifen schneiden. Die Zwiebel und die Knoblauchzehen abziehen und fein würfeln.

3 Die Auberginenwürfel in ein Sieb gießen, abtropfen lassen und mit Küchenpapier trockentupfen. In einer großen Pfanne das Olivenöl erhitzen und darin die Zwiebel- und Knoblauchwürfel andünsten.

4 Die Auberginenwürfel einstreuen und einige Minuten mitdünsten. Den Reis hinzufügen und unter häufigem Rühren erhitzen. Zuletzt die Tomatenstreifen unterheben. Mit Salz und Pfeffer würzen. Sofort servieren.

Noch raffinierter wird es, wenn Sie kurz vor dem Servieren kleine Stückchen Dänischen Blauschimmelkäse auf dem Reis verteilen und die Pfanne einige Minuten mit einem Deckel verschließen.

Fisch, Geflügel und Fleisch

Im Gegensatz zum vorhergehenden Kapitel finden Sie hier die meisten eiweißreichen Gerichte. Liebhaber der Fischküche werden bei diesen Rezeptideen genauso fündig wie Anhänger exotischer Geflügelgerichte. Lassen Sie sich überraschen!

Riesengarnelen mit Olivensauce

Zutaten für 2 Personen
2 Beutel aufgetaute Riesengarnelenschwänze à 250 g
Salz, weißer Pfeffer • 150 g Oliven mit Paprikafüllung
2 Knoblauchzehen • 6 EL Olivenöl • 50 ml trockener Weißwein • 200 g H-Schlagsahne

e

1 Die Riesengarnelenschwänze salzen und pfeffern. Die Oliven in Scheibchen schneiden. Die Knoblauchzehen abziehen und fein würfeln.
2 In einer Pfanne das Olivenöl erhitzen und darin den Knoblauch andünsten. Olivenscheiben hinzufügen und einige Minuten mitdünsten.
3 Mit Weißwein und Sahne aufgießen. Mit Salz und Pfeffer würzen und den Pfanneninhalt einige Minuten leise kochen lassen.
4 Die Riesengarnelen in die Olivensauce legen und in etwa 5 Minuten gar ziehen lassen. Nochmals abschmecken und sofort servieren.

TIPP Dazu passt Rucola- oder Feldsalat, der lediglich mit Olivenöl und Aceto balsamico angemacht ist.

Riesengarnelen mit Olivensauce. Die Meeresfrüchte erhalten Sie tiefgefroren bei ALDI. Sie eignen sich hervorragend für Vorspeisen, Salate und Snacks aller Art.

Rindergeschnetzeltes mit Bohnen

e

Zutaten für 2 Personen

2 Rindersteaks natur (400 g) • 1 große Zwiebel
100 g frische Champignons • 250 g frische grüne Bohnen
2 EL Butter • 100 ml trockener Weißwein • Salz, weißer Pfeffer • 3 EL Pflanzenöl • 100 g H-Schlagsahne

Frische Champignons muss man in der Regel nicht waschen – es genügt, sie mit einem trockenen Tuch abzureiben. Das kommt auch ihrem Geschmack zugute, der unter der Nässe leiden würde.

1 Die Rindersteaks in gleichmäßig dünne Streifen schneiden. Die Zwiebel abziehen und fein würfeln. Die Champignons putzen, und je nach Größe halbieren oder vierteln.

2 Die Bohnen putzen und waschen. In einem flachen Topf die Butter erhitzen und darin die Hälfte der Zwiebelwürfel dünsten. Bohnen hinzufügen und mit der Hälfte des Weißweins beträufeln. Etwa 10 Minuten leise kochen lassen. Mit Salz und Pfeffer würzen.

3 2 Esslöffel Pflanzenöl in einer Pfanne erhitzen und darin die Fleischstreifen von allen Seiten anbraten. Herausnehmen, auf einen Teller legen und mit Salz und Pfeffer würzen.

4 Restliches Pflanzenöl in den Bratensatz gießen und darin die restlichen Zwiebelwürfel dünsten. Champignons hinzufügen, kurz andünsten und mit Weißwein ablöschen. Mit Sahne aufgießen und mit Salz und Pfeffer würzen.

5 Die Fleischstreifen unter die Sahnesauce mengen, nochmals würzen und auf zwei Teller verteilen. Die Bohnen als Beilage dazu anrichten.

TIPP Sie können die Steaks auch im Ganzen braten, auf einen Teller legen, mit Alufolie bedecken und ziehen lassen. In der Zwischenzeit die Champignonsahne zubereiten und über die Steaks verteilen.

Hackfleischzucchini

Zutaten für 4 Personen

1 Dose geschälte Tomaten (425 g) • 1 Zwiebel • 4 Knoblauchzehen • 3 EL Pflanzenöl • 500 g aufgetautes Hackfleisch halb/halb • Salz, weißer Pfeffer • Butter für die Form 2 große Zucchini • 100 g geriebener Emmentaler (45 % F. i. Tr.)

e

1 Die Tomaten in Scheiben schneiden und wieder zurück in den Saft legen. Die Zwiebel und die Knoblauchzehen abziehen und fein würfeln.

2 In einem Topf das Pflanzenöl erhitzen und darin die Zwiebel- und Knoblauchwürfel dünsten. Das Hackfleisch hin zufügen und unter häufigem Wenden krümelig anbraten. Mit Salz und Pfeffer würzen.

3 Die Tomaten zusammen mit ihrem Saft zum Hackfleisch geben, umrühren und bei mittlerer Hitze 10 Minuten leise kochen lassen. Den Backofen auf 200 °C (Umluft 180 °C, Gas Stufe 3–4) vorheizen und eine Auflaufform mit Butter ausfetten.

4 Die Zucchini waschen, von den Stielenden befreien und der Länge nach halbieren. Je nach Belieben die Zucchinihälften nochmals quer halbieren.

5 Die Kerne aus den Zucchinihälften schaben, dann die Zucchini in die Form legen. Das Tomatenhackfleisch über die Zucchini verteilen und mit Käse bestreuen. Im Ofen etwa 20 Minuten überbacken.

Noch raffinierter werden die Hackfleischzucchini, wenn Sie der Hackfleischmasse einige klein gehackte Oliven zugeben.

VARIANTE Schneiden Sie die Zucchini in Scheiben, und braten Sie sie in Olivenöl beidseitig knusprig. Anschließend auf vier Teller verteilen und mit Tomatenhackfleisch überziehen. Mit Käse bestreut servieren.

Schweinefilet mit Pfifferlingsrahm

Zutaten für 2 Personen

e

1 Zucchini • Salz, weißer Pfeffer • 6 EL Olivenöl • 1 Schale frische Pfifferlinge • 1 Zwiebel • 1 Knoblauchzehe • 1 1/2 EL Butter • 2 EL trockener Weißwein • 200 g H-Schlagsahne
400 g aufgetautes Schweinefilet (abgepackt in 5–6 Stück)
3 EL Pflanzenöl

Für die Pfifferlinge gilt – wie für alle frischen Pilze: am besten nicht waschen, sondern nur trocken abbürsten, sonst leidet der Geschmack.

1 Die Zucchini waschen, von Stielenden befreien und in dünne, längliche Scheiben schneiden. Mit Salz und Pfeffer würzen und in Olivenöl auf beiden Seiten braten. Herausnehmen und auf Küchenpapier legen.

2 Die Pfifferlinge gründlich putzen und je nach Belieben etwas kleiner schneiden. Die Zwiebel sowie die Knoblauchzehe abziehen und fein würfeln.

3 In einer Pfanne die Butter erhitzen und darin Zwiebel und Knoblauch kurz dünsten. Die Pfifferlinge einstreuen und unter häufigem Wenden 5 bis 8 Minuten andünsten. Mit Weißwein beträufeln.

4 Die Pfifferlinge mit Sahne aufgießen und kurz einkochen lassen. Mit Salz und Pfeffer abschmecken. Parallel dazu in einer zweiten Pfanne das Pflanzenöl erhitzen und darin die Schweinefilets auf beiden Seiten, je nach gewünschtem Garzustand, etwa 8 Minuten braten. Mit Salz und Pfeffer würzen.

5 Die Zucchinischeiben auf zwei große Teller legen und darauf die Schweinefilets anrichten. Mit Pfifferlingsrahm überziehen.

TIPP Bei ALDI gibt es auch Pfifferlinge im Glas, mit denen Sie notfalls die frischen Pilze ersetzen können.

Gerade bei Fleischgerichten mit Saucen fällt es oftmals schwer, stärkehaltige Beilagen wie Spätzle oder Kartoffelvariationen wegzulassen. Empfehlenswert ist daher die Kombination mit einem weiteren Gemüse, wie z. B. gebratenen Zucchini.

Zwiebelrostbraten mit Grilltomaten

Zutaten für 2 Personen

2 große Zwiebeln • 5 EL Pflanzenöl • 2 Rindersteaks natur (à 200 g) • Salz, weißer Pfeffer • 4 TL Butter • 2 Tomaten 50 g geriebener Emmentaler (45 % F. i. Tr.)

e

1 Den Backofen auf Grillstufe vorheizen. Die Zwiebeln abziehen, halbieren und in Streifen schneiden. In einer Pfanne die Hälfte Pflanzenöl erhitzen und darin die Zwiebeln andünsten.

2 Restliches Pflanzenöl in einer zweiten Pfanne erhitzen. Die Rindersteaks mit Salz und Pfeffer würzen und in der Pfanne unter mehrmaligem Wenden auf jeder Seite je nach gewünschtem Garzustand etwa 4 Minuten braten.

3 3 Teelöffel Butter zu den Zwiebeln geben und diese mit Salz und Pfeffer würzen. Die Tomaten waschen, quer halbieren und mit Salz und Pfeffer würzen. Mit Käse bestreuen und mit Butterflöckchen belegen. Im Backofen knappe 10 Minuten grillen.

4 Die Steaks aus der Pfanne nehmen, mit Alufolie abdecken und 5 Minuten ziehen lassen. Den dadurch entstandenen Bratensaft zu den Zwiebeln gießen.

5 Die Steaks auf zwei Teller verteilen, mit Zwiebeln belegen und je 2 Grilltomaten dazugeben.

Variante

Die Grilltomaten ohne Käse, nur mit Olivenöl und etwas Aceto balsamico beträufelt, grillen.

Putengeschnetzeltes im Gemüsepotpourri

Zutaten für 4 Personen

4 Tomaten • 2 Knoblauchzehen • 1 kleine Aubergine
1 kleine Zucchini • 5 EL Olivenöl • Salz, weißer Pfeffer
1 Schuss Weißwein • 200 g frische Champignons • 1 Zwiebel
500 g aufgetaute marinierte Putenfilets (TK-Ware)
4 EL Pflanzenöl • 1 Schuss Sherry • 200 g H-Schlagsahne

e

Als Würzkräuter zu diesem Gemüse empfehlen sich Thymian, Oregano, Rosmarin oder Salbei. Auch einige Basilikumblättchen, kurz vor dem Servieren über das Gemüse gestreut, verfeinern das Gericht.

1 Die Tomaten überbrühen, abziehen, vierteln und entkernen. Knoblauch abziehen und fein würfeln. Die Aubergine waschen, vom Stielansatz befreien, der Länge nach vierteln und in Scheibchen schneiden. Zucchini waschen, vom Stielende befreien und in Scheiben schneiden.

2 In einer Pfanne das Olivenöl erhitzen und darin den Knoblauch andünsten. Auberginen, Zucchini und nach etwa 5 Minuten Tomaten mitdünsten. Mit Salz und Pfeffer würzen und mit Weißwein beträufeln. Die Pfanne beiseite stellen.

3 Die Champignons putzen und je nach Größe halbieren oder vierteln. Die Zwiebel abziehen und fein hacken. Die Putenfilets in feine Streifen schneiden.

4 In einer Pfanne 3 Esslöffel Pflanzenöl erhitzen und darin die Putenstreifen von allen Seiten scharf anbraten. Auf einen Teller legen und mit Salz und Pfeffer würzen.

5 Restliches Pflanzenöl in den Bratensatz gießen und darin Zwiebelwürfel und Champignons andünsten. Mit Sherry ablöschen und mit Sahne aufgießen. Mit Salz und Pfeffer würzen.

6 Die Pfanne vom Herd nehmen und das Fleisch zusammen mit dem entstandenen Bratensaft untermengen. Das Gemüse auf vier Tellern mittig anrichten. Mit einem Löffel jeweils eine Mulde formen und das Putengeschnetzelte einfüllen.

TIPP Eine aufgetaute 500-Gramm-Fleischpackung darf nicht mehr eingefroren werden, daher ist dieses Rezept für vier Personen ausgerichtet. Wenn Sie das Gericht für zwei Personen zubereiten möchten, können Sie das restliche Putenfleisch in Olivenöl mit viel Knoblauch eingelegt zwei bis drei Tage gut verschlossen in den Kühlschrank stellen und für einen Salat mit Putenstreifen verwenden.
Sherry ist beim Kochen ein sehr guter Geschmacksträger. Beim Ablöschen verdampft der Alkohol und zurück bleibt das typische intensive Würzaroma. Sehr strenge Trennköstler können den Sherry im Rezept natürlich auch weglassen.

Als Getränk zum Putengeschnetzelten passt ein trockener italienischer Weißwein.

Putenfleisch, in Olivenöl angebraten: Ein gesunder Schlankmacher, da das Olivenöl reich an ungesättigten Fettsäuren ist, die für ein gesundes Zellwachstum und eine schnelle Wundheilung unentbehrlich sind.

Lachstatar in Salatpäckchen

Zutaten für 2 Personen

e

250 g aufgetauter Lachs natur (TK-Ware) • Salz, weißer Pfeffer • 1 TL Zitronensaft • 1 Eigelb • 1 TL scharfer Senf 50 ml Olivenöl • 6–8 Salatherzenblätter

Tipp
Zum Essen das Salatblatt mit Lachstatar in die Hand nehmen und etwas von der cremigen Sauce darüber träufeln.

1 Den Lachs zuerst in Scheiben und dann in Streifen schneiden. Anschließend sehr fein hacken. In einer Schüssel mit Salz, Pfeffer und Zitronensaft vermengen.

2 Mit einem elektrischen Handrührgerät Eigelb und Senf cremig rühren. Nach und nach das Olivenöl unterschlagen. Mit Salz und Pfeffer würzen.

3 Die Salatblätter waschen und trockenschwenken. Das Lachstatar auf die Blätter verteilen und auf eine Servierplatte legen. Die Sauce in ein Schälchen füllen. Mit dem Lachstatar servieren.

Lachs-Gemüse-Fondue

Zutaten für 2 Personen

e

250 g aufgetauter Lachs natur (TK-Ware) • Salz, weißer Pfeffer • 200 g frische Champignons • 1 kleine Zucchini 1 l Gemüsebrühe (Instant) • 200 g H-Schlagsahne 1 EL Meerrettich • 1/2 TL Zitronensaft

1 Den Lachs in mundgerechte Würfel schneiden. Mit Salz und Pfeffer würzen. Die Champignons mit einem feuchten Tuch abreiben und je nach Größe halbieren oder vierteln.

2 Die Zucchini waschen, vom Stielende befreien, in Scheiben schneiden. Die Gemüsebrühe im

Fonduetopf kurz aufkochen.

3 Schlagsahne steif schlagen und den Meerrettich unterziehen. Mit Salz, Pfeffer und Zitronensaft abschmecken und in zwei Dipschalen füllen.

4 Lachs, Champignons und Zucchini um den Fonduetopf stellen. Die kochende Gemüsebrühe auf den Rechaud stellen. Die Zutaten abwechselnd auf Fonduegabeln stecken und in der Brühe garen.

Rindersteaks mit Speckbohnen

Zutaten für 2 Personen

250 g frische grüne Bohnen • 1 Zwiebel • 2 Knoblauchzehen
100 g gewürfelter Katenschinken (etwa 1/2 Packung)
5 EL Pflanzenöl • 1/8 l Gemüsebrühe (Instant) • Salz, weißer Pfeffer • 2 aufgetaute Rindersteaks à 200 g (TK-Ware)

e

1 Die Bohnen verlesen, waschen und abtropfen lassen. Die Zwiebel und die Knoblauchzehen abziehen und fein würfeln.

2 In einer heißen Pfanne die Schinkenwürfel auslassen. 2 Esslöffel Pflanzenöl hinzufügen und darin die Zwiebel- und Knoblauchwürfel glasig dünsten.

3 Die Bohnen dazugeben und weitere 5 Minuten dünsten. Mit Gemüsebrühe angießen und bei kleiner Hitze weiter garen. Mit Salz und Pfeffer würzen.

4 Restliches Pflanzenöl in einer Pfanne erhitzen und die Rindersteaks darin scharf anbraten. Mit Salz und Pfeffer würzen und bei zurückgedrehter Hitze, je nach gewünschtem Garzustand, fertig braten.

5 Die Bohnen nochmals abschmecken und zusammen mit den Steaks auf zwei Teller verteilen.

Dazu passt ein zimmerwarmer spanischer Rotwein wie ein Rioja aus dem ALDI-Weinregal. Als Vorspeise empfiehlt sich ein bunt gemischter Salat.

Gyros mit Joghurt und Gemüsen

Zutaten für 4 Personen

e

2 Paprikaschoten • 1/2 Eisbergsalat • Salz, weißer Pfeffer 5 Knoblauchzehen • 1 Zwiebel • 1 kleine Salatgurke • 2 Becher milder Joghurt à 150 g • 3 EL Olivenöl • 500 g aufgetautes Schweinefleisch »Gyros Art« • edelsüßes Paprikapulver

Nach Belieben können Sie eingelegte Gemüse, Oliven und Käsewürfel dazu servieren. Sollte Ihnen die Würzung des Geschnetzelten »Gyros Art« zu intensiv sein, waschen Sie das Fleisch unter fließend kaltem Wasser ab, und tupfen Sie es mit Küchenpapier trocken.

1 Die Paprikaschoten waschen, halbieren und entkernen. Mit den Schnittflächen auf ein Backblech legen und im vorgeheizten Backofen bei 220 °C (Umluft 200 °C, Gas Stufe 4–5) etwa 15 Minuten garen, bis die Häute Blasen und gebräunte Stellen zeigen.

2 Den Salat putzen, waschen, trockenschwenken und in Streifen schneiden. Mit etwas Salz und Pfeffer würzen und auf vier große Teller breitflächig verteilen.

3 Die Knoblauchzehen abziehen und durch eine Presse drücken. Die Zwiebel abziehen und in dünne Ringe schneiden. Die Salatgurke schälen und auf einer Küchenreibe grob raspeln. Anschließend den Gurkensaft fest ausdrücken.

4 Die Paprikaschoten aus dem Backofen nehmen, in einer Plastiktüte verschließen und nach einigen Minuten häuten. Die Paprikahälften in etwa fingerdicke Streifen schneiden.

5 Den Joghurt mit Gurke und Knoblauch verrühren. Mit Salz und Pfeffer abschmecken. In einer Pfanne das Olivenöl erhitzen und darin das Gyros von allen Seiten scharf anbraten.

6 Das Fleisch auf den Salatblättern anrichten und mit Joghurtsauce überziehen. Mit Paprikastreifen sowie mit Zwiebelringen garnieren und mit Paprikapulver bestäuben.

Frikadellen mit Mozzarella überbacken

Zutaten für 4 Personen

1 Zwiebel • 2 Knoblauchzehen • 500 g aufgetautes Hackfleisch halb/halb • 1 TL scharfer Senf • 1 Ei • Salz, weißer Pfeffer • 1/2 TL edelsüßer Paprika • 5 EL Pflanzenöl • 1 EL Butter • Olivenöl für die Form • 125 g Mozzarella (45 % F. i. Tr.)

e

1 Die Zwiebel und die Knoblauchzehen abziehen und fein würfeln. Zusammen mit dem Hackfleisch, dem Senf und dem Ei zu einem Teig verkneten. Das Ganze kräftig mit Salz, Pfeffer und Paprika würzen.

2 Aus dem Hackfleischteig etwa 8 flache Frikadellen formen. In einer Pfanne das Pflanzenöl erhitzen und darin die Frikadellen auf jeder Seite scharf anbraten. Dann bei kleiner Hitze in etwa 10 Minuten fertig braten; dabei die Butter stückchenweise hinzufügen.

3 Den Backofen auf Grillstufe vorheizen und eine flache Auflaufform dünn mit etwas Olivenöl ausstreichen. Den Mozzarella abtropfen lassen und in dünne Scheibchen schneiden.

4 Die Frikadellen nebeneinander in die Auflaufform geben und jeweils mit Mozzarella belegen. Etwas Olivenöl darüber träufeln. Die Frikadellen im Backofen in knapp 10 Minuten knusprig überbacken.

Tipp Die fertigen Frikadellen können Sie ein bis zwei Tage im Kühlschrank aufbewahren; als kalter Snack schmecken sie genauso gut wie warm aus dem Ofen. Kinder mögen die knusprigen Frikadellen am liebsten als Hamburger mit einem Salatblatt und viel Ketchup zwischen zwei Brötchenhälften.

Variante
Fruchtiger wird das Ganze, wenn Sie unter den Mozzarella noch eine dünne Scheibe Tomate legen. Allerdings lassen sich die Frikadellen dann nicht so gut aufheben.

Grillvergnügen mit Fleisch und Gemüse

Zutaten für 2 Personen

e

etwa 400 g aufgetautes Grillfleisch (aus der 1-kg-Packung entnehmen) • 200 g frische Bohnen • Salz • 1 Fenchel 1 kleine Zucchini • weißer Pfeffer • 5 EL Olivenöl 1/2 Dose geschälte Tomaten im Saft

Variante
Statt der grünen Bohnen Kidneybohnen aus der Dose verwenden und mit einer gehackten Chilischote und etwas Tabasco würzen – schon haben Sie einen mexikanischen Grillteller.

1 Das Grillfleisch auf einen Grillrost legen. Die Bohnen in Salzwasser 5 Minuten kochen, abgießen, kalt überbrausen und abtropfen lassen.

2 Fenchel putzen, vierteln, vom Strunk befreien und waschen. Die Zucchini waschen, vom Stielende befreien und der Länge nach halbieren. Die Bohnen, den Fenchel und die Zucchini in eine Auflaufform geben. Mit Salz und Pfeffer würzen und mit Olivenöl beträufeln.

3 Den Grillrost mit Fleisch und das Gemüse in den auf 220 °C (Umluft 200 °C, Gas Stufe 4–5) vorgeheizten Backofen schieben und etwa 15 Minuten grillen, dabei die Fleischteile mehrmals wenden. Dann die Tomaten mit Salz und Pfeffer würzen und über das Grillgemüse verteilen. Fleisch und Gemüse weitere 10 Minuten grillen.

Tipp Dazu schmeckt eine Flasche trockener Weißwein wie der Grüne Veltliner hervorragend.
Zum Dippen für das Grillfleisch können Sie Butter mit Zitronensaft und dem Mark von 1 Vanilleschote verrühren. Ungeeignet für Trennkost sind gezuckertes Tomatenketchup oder Grillsauce mit Zucker. Zum Gemüse schmecken auch selbst gezogene Kräuter von der Fensterbank sehr gut.

Lammkoteletts mit Zitronencreme

Zutaten für 2 Personen

400 g aufgetaute Lammkoteletts (TK-Ware) • 1 große Zucchini • 2 Eigelbe • 5 EL trockener Weißwein • 60 g Butter Saft von 1 Zitrone • Salz, weißer Pfeffer • 8 EL Olivenöl

e

1 Die Lammkoteletts unter fließend kaltem Wasser waschen und mit Küchenpapier trockentupfen. Die Zucchini waschen, vom harten Stielende befreien und mit einer Küchenreibe grob raspeln.

2 In einer hitzebeständigen Schüssel die Eigelbe mit Weißwein verquirlen. Dann in ein heißes Wasserbad stellen und die Sauce etwa 5 Minuten cremig rühren.

3 Parallel dazu die Butter im Topf oder in der Mikrowelle schmelzen. Die Eiercreme vom Wasserbad nehmen und kalt schlagen. Nach und nach langsam die flüssige Butter unterschlagen.

4 Die Sauce mit Zitronensaft, Salz und Pfeffer verrühren. Bis zum Gebrauch warm stellen. Zwei Pfannen auf den Herd stellen und darin Olivenöl erhitzen.

5 In einer Pfanne die Zucchiniraspel anbraten und mit Salz und Pfeffer würzen. In der zweiten Pfanne die Lammkoteletts braten und mit Salz und Pfeffer würzen.

6 Die Lammkoteletts auf zwei vorgewärmte Teller verteilen. Gebratene Zucchini darüber streuen und mit Zitronencreme überziehen.

Lammkoteletts mit Zitronencreme: ein klassischer Grieche. Wenn Sie das Gericht variieren wollen, sollten Sie bedenken, dass die zarte Zitronensauce von einem ausgesprochen deftigen Gemüse geschmacklich leicht erschlagen wird.

TIPP Beträufeln Sie die gebratenen Lammkoteletts auch mit Zitronensaft – das schmeckt herrlich frisch. Die Lammkoteletts von ALDI sind mariniert: Je nach Bedarf können Sie die Marinade abwaschen.

Rotbarschauflauf mit Wurzelgemüse

e

Zutaten für 2 Personen

300 g aufgetautes Rotbarschfilet (TK-Ware) • Salz, weißer Pfeffer • 1 TL Zitronensäure • 2 Möhren • etwa 100 g Sellerie 1 Stange Lauch • 2 EL Butter • 200 g H-Schlagsahne

Diesen Auflauf müssen Sie unbedingt probieren, er hat ein herrlich zartes Aroma. Dazu schmeckt ein Kopfsalat mit Olivenöl und Essig.

1 Das Rotbarschfilet unter fließend kaltem Wasser waschen und mit Küchenpapier trockentupfen. Mit Salz, Pfeffer und Zitronensäure würzen.

2 Die Möhren sowie den Sellerie schälen und in feinste Streifen schneiden. Die Lauchstange längs halbieren, zwischen den Blattschichten waschen und ebenfalls in feine Streifen schneiden.

3 In einer Pfanne die Butter erhitzen. Die Möhren, den Sellerie und den Lauch einstreuen und etwa 5 Minuten dünsten. Mit Salz und Pfeffer würzen.

Ob roh oder gekocht – Möhren schmecken immer und sind ein idealer Knabberspaß für zwischendurch.

4 Die Hälfte des Pfanneninhalts auf dem Boden einer Auflaufform verteilen. Die Fischfilets darauf setzen und mit restlichem Gemüse bedecken. Mit Sahne übergießen.
5 Den Auflauf im auf 190 °C (Umluft 170 °C, Gas Stufe 3) vorgeheizten Ofen 30 Minuten garen.

Rotbarschfilets in rosa Sahnecreme mit Möhren

Zutaten für 2 Personen
etwa 400 g aufgetautes Rotbarschfilet (TK-Ware) • Salz, weißer Pfeffer • 1 TL Zitronensäure • 400 g Möhren 1 EL Butter • 100 ml Gemüsebrühe (Instant) • 4 EL Pflanzenöl • 1 EL Tomatenmark • 200 g H-Schlagsahne

e

1 Die Rotbarschfilets unter fließend kaltem Wasser waschen und mit Küchenpapier trockentupfen. Mit Salz, Pfeffer und Zitronensäure würzen.
2 Die Möhren waschen, schälen und in dünne Scheiben schneiden. In einem Topf die Butter erhitzen und die Möhren darin andünsten. Mit Salz und Pfeffer nach Belieben würzen und mit Gemüsebrühe aufgießen. Bei mittlerer Hitze etwa 10 Minuten leise kochen lassen.
3 In einer Pfanne das Pflanzenöl erhitzen und darin die Rotbarschfilets auf beiden Seiten braten. Herausnehmen und auf zwei Teller verteilen.
4 Das Tomatenmark mit der Sahne verrühren und in den Bratensatz gießen. Kurz einkochen lassen und mit Salz und Pfeffer abschmecken. Die Sauce über die Fischfilets gießen und die Möhren dazu servieren.

Noch besser schmeckt dieses Gericht, wenn Sie in die Sauce grüne eingelegte Pfefferkörner oder viele frisch gehackte Kräuter geben.

Hackfleischauflauf griechischer Art

e

Zutaten für 4 Personen

2 Auberginen (etwa 600 g) • Salz • 2 Zwiebeln • 500 g Tomaten • 100 ml Olivenöl • weißer Pfeffer • 500 g aufgetautes Hackfleisch halb/halb (TK-Ware) • 1 EL getrockneter Oregano • 200 g Feta (45 % F. i. Tr.) • 400 g H-Schlagsahne 2 Eigelbe • 100 g Deutscher Gouda vom Stück

Genießen Sie dazu einen Salat aus Eisberg-, Kopf- und Feldsalat, und servieren Sie zusätzlich Oliven und Käsestückchen in Olivenöl dazu.

1 Die Auberginen waschen, von den harten Stielansätzen befreien und in dünne, längliche Scheiben schneiden. Für etwa 15 Minuten in kaltes Salzwasser legen.

2 In der Zwischenzeit die Zwiebeln abziehen und fein würfeln. Die Tomaten überbrühen, abziehen und würfeln.

3 Die Auberginenscheiben trockentupfen. In einer Pfanne portionsweise Olivenöl erhitzen und darin die Auberginenscheiben auf beiden Seiten knusprig braten. Mit Salz und Pfeffer würzen. Bis zum Gebrauch auf Küchenpapier legen.

4 Weiteres Olivenöl erhitzen und darin die Zwiebelwürfel glasig dünsten. Hackfleisch hinzufügen und unter häufigem Wenden krümelig braten. Dann Tomaten zugeben und das Ganze 10 Minuten dünsten. Mit Salz, Pfeffer und Oregano würzen.

5 Den Feta abtropfen lassen und in kleinste Stücke schneiden. Die Schlagsahne mit den Eigelben, Salz und Pfeffer verrühren. Vom Gouda mit einem Sparschäler dünne Streifen abziehen.

6 Eine Auflaufform gründlich mit Olivenöl auspinseln und auf den Boden einen Teil der Auberginenscheiben gleichmäßig verteilen. Mit 1/3 Hackfleisch überziehen und Fetakäse darüber streuen. Mit etwas Sahnesauce beträufeln. So lange fortfahren, bis alles aufgebraucht ist.

7 Als Abschluss Gouda darüber streuen und mit Sahnesauce überziehen. In den auf 180 °C (Umluft 160 °C, Gas Stufe 2–3) vorgeheizten Backofen schieben und in etwa 50 Minuten überbacken.

Überbackene Salami-Gemüse-Pfanne

Zutaten für 2–3 Personen

2 Babysalami (à 25 g) • 1 Zucchini • 2 Knoblauchzehen
1 Paprikaschote • 500 g Brokkoli • Butter für die Form
4 EL Olivenöl • Salz, weißer Pfeffer • 100 g geriebener Emmentaler (45 % F. i. Tr.) • 100 g H-Schlagsahne • 1 Ei

e

1 Salami häuten und klein würfeln. Zucchini waschen, vom Stielende befreien und in kleine Stücke schneiden. Knoblauchzehen abziehen und in Scheibchen schneiden.

2 Paprikaschote waschen, entkernen und in mundgerechte Stücke schneiden. Brokkoli waschen, von den Stielen zupfen und in Röschen teilen.

3 Den Backofen auf 200 °C (Umluft 180 °C, Gas Stufe 3–4) vorheizen und eine Auflaufform mit Butter ausstreichen. In einer größeren Pfanne Olivenöl erhitzen. Knoblauch und Salami anbraten.

4 Zucchini, Paprika und Brokkoli nacheinander einstreuen. Mit Salz und Pfeffer würzen und etwa 5 Minuten dünsten.

5 Den Pfanneninhalt in der Auflaufform verteilen und Käse darüber streuen. Die Sahne mit dem Ei verrühren, leicht salzen und pfeffern und löffelweise über den Gemüseauflauf geben. Im Ofen in knapp 20 Minuten überbacken.

Dazu passt ein trockener, gut gekühlter Pinot Grigio.

Putenfilets mit Thunfischsauce und Zucchini

e

Zutaten für 4 Personen

1 Dose Thunfisch in eigenem Saft (195 g) • 50 g Mayonnaise Saft von 1/2 Zitrone • 5 EL trockener Weißwein • Salz, weißer Pfeffer • 2 Zucchini • 10 EL Olivenöl • 1 TL getrockneter Oregano • 500 g aufgetaute Putenfilets (TK-Ware)

Noch pikanter schmeckt das Ganze, wenn Sie der Thunfischsauce beim Servieren einige Kapern zugeben.

1 Den Thunfisch mit eigenem Saft, Mayonnaise, 2/3 des Zitronensafts und Weißwein mit einem Stabmixer fein pürieren. Mit Salz und Pfeffer abschmecken und bis zum Gebrauch kalt stellen.

2 Zucchini waschen, von den Stielenden befreien, in Scheiben schneiden. Die Hälfte Olivenöl erhitzen und darin die Zucchinischeiben nacheinander portionsweise auf beiden Seiten knusprig braten. Mit Salz, Pfeffer und Oregano abschmecken. Bis zum Gebrauch auf Küchenpapier legen.

3 In einer Pfanne das restliche Olivenöl erhitzen und darin die Putenfilets auf beiden Seiten durchbraten. Mit Salz und Pfeffer würzen.

4 Die Putenfilets auf vier Teller verteilen und mit Zitronensaft beträufeln. Mit Thunfischsauce überziehen und mit Zucchinischeiben garnieren.

Tipp Dieses Rezept ist dem italienischen Vitello tonnato nachempfunden und stellt für Trennkostfans eine hervorragende Alternative zum Originalrezept dar. Wenn Sie beim Kochen auf den Weißwein verzichten wollen, können Sie bei dem Rezept die Putenfilets in noch dünnere Scheiben schneiden und in Gemüse- oder Fleischbrühe garen. Die Brühe verwenden Sie dann anstelle von Weißwein zum Herstellen der Sauce.

Um die Thunfischsauce ohne fertige Mayonnaise herzustellen, rühren Sie 2 Eigelbe mit 1 Teelöffel scharfen Senf cremig. 150 Milliliter Olivenöl langsam zugießen und mit einem elektrischen Handrührgerät auf Höchststufe einrühren. Diese Sauce mit Thunfisch pürieren. Als Getränk eignet sich die selbe Sorte Weißwein, wie zur Herstellung der Sauce verwendet wurde.

Überbackener Lachs mit Kohlrabi

Zutaten für 2 Personen

250 g aufgetaute Lachsfilets (TK-Ware, 250 g) • Salz, weißer Pfeffer • 1 TL Zitronensäure • 1 großer Kohlrabi • 1 EL Butter 100 g H-Schlagsahne

1 Lachsfilets in dünne Scheiben schneiden und mit Salz, Pfeffer und Zitronensäure würzen. Den Kohlrabi schälen, halbieren, zuerst in Scheiben und dann in schmale Streifen schneiden.

2 Die Kohlrabistreifen in reichlich kochendes Salzwasser geben und etwa 1 Minute aufkochen lassen. In ein Sieb gießen und kurz abtropfen lassen.

3 Eine Auflaufform mit Butter ausstreichen. Abwechselnd Lachs und Kohlrabi einschichten und mit Sahne begießen. Mit restlichen Butterflöckchen belegen.

4 Auflauf im auf 200 °C (Umluft 180 °C, Gas Stufe 3–4) vorgeheizten Backofen 20 Minuten garen.

Zur Dekoration geben Sie reichlich Zitronenscheiben oder Zitronenblätter (Asienladen) über den Fisch.

Tipp Dieses Rezept ist sehr raffiniert durch die geglückte Liaison von Lachs und Kohlrabi. Genießen Sie dazu den eisgekühlten spanischen Sekt Cava Brut aus dem ALDI-Sortiment.

Gebratener Lachs auf Rahmspinat

e

Zutaten für 2 Personen

250 g Lachsfilets (2 Stücke, TK-Ware) • Salz, Pfeffer • 1 EL Zitronensaft • 450 g Rahmspinat (TK-Ware) • 2 EL Butter

Den Rahmspinat können Sie nach Geschmack mit etwas Muskatnuss würzen.

1 Die beiden Lachsfilets auftauen lassen. Mit kaltem Wasser abspülen und mit Küchenpapier trockentupfen. Mit Salz, Pfeffer und Zitronensaft würzen.

2 Den Rahmspinat mit einigen Esslöffeln Wasser in einen Topf geben und unter häufigem Rühren erwärmen. Mit Salz und Pfeffer würzen.

3 Die Butter in einer Pfanne erhitzen. Die Lachsfilets hineinlegen und auf jeder Seite etwa 4 Minuten braten. Dabei die Lachsfilets einige Male wenden.

Tipp Dazu passt ein gut gekühlter Weißwein, z. B. Pinot Grigio Valdadige D.O.C.

Lachsgeschnetzeltes mit Sauerkraut

e

Zutaten für 2 Personen

250 g Lachsfilets (TK-Ware) • Salz, Pfeffer • 1 TL Zitronensaft 1 kleine Zwiebel • 1 Apfel • 3 EL Butter • 1/2 Dose Weinsauerkraut • 1/8 l trockener Weißwein • 100 g H-Schlagsahne

1 Lachsfilets auftauen lassen, kalt abspülen und mit Küchenpapier trockentupfen. In etwa 1 Zentimeter breite Streifen schneiden und mit Salz, Pfeffer und Zitronensaft würzen.

2 Die Zwiebel abziehen, halbieren und in dünne Streifen schneiden. Den Apfel schälen, entkernen und in dünne Spalten schneiden.

3 In einem Topf 1 Esslöffel Butter erhitzen und darin die Zwiebel und den Apfel andünsten. Das Sauerkraut mit einer Gabel auflockern und in den Topf rühren. Mit Weißwein aufgießen und 15 Minuten leise kochen lassen. Mit Salz und Pfeffer würzen.

4 In einer Pfanne die restliche Butter erhitzen und darin die Lachsstreifen unter Schwenken einige Minuten braten. Mit Sahne begießen und 1-mal aufkochen lassen.

5 Das Sauerkraut nochmals abschmecken und auf vorgewärmte Teller verteilen. Das Lachsgeschnetzelte auf dem Sauerkraut anrichten.

Noch feiner schmeckt das Sauerkraut, wenn es mit Wacholderbeeren, Lorbeerblättern und etwas Kümmel gewürzt wird.

Forellenjoghurt auf Bohnen

Zutaten für 2 Personen

500 g frische Bohnen • 1 Zwiebel • 2 EL Butter • 1/8 l Gemüsebrühe (Instant) • Salz, Pfeffer • 125 g Forellenfilets ohne Haut • 200 g cremiger Joghurt • 1 EL Zitronensaft

1 Die Bohnen putzen, dabei größere eventuell halbieren und waschen. Die Zwiebel abziehen und fein würfeln.

2 Die Butter in einem Topf erhitzen und die Zwiebel andünsten. Die Bohnen hinzufügen und kurz mitdünsten. Mit Gemüsebrühe aufgießen und mit Salz und Pfeffer würzen. Bei kleiner Hitze etwa 10 Minuten garen.

3 Die Forellenfilets in kleine Stückchen schneiden und unter den Joghurt mischen. Mit Zitronensaft, Salz und Pfeffer würzen.

4 Die Bohnen auf zwei große Teller verteilen und den Forellenjoghurt darauf anrichten.

Dazu schmeckt ein Glas zimmerwarmer Tertre Bordeaux aus dem ALDI-Weinregal.

Pochierte Eier auf Graved Lachs

Zutaten für 2 Personen

e

Salz • 1 TL Essig • 1 Packung Rahmspinat (TK-Ware) • 4 Eier 150 g Graved Lachs (ohne Sauce)

Pochierte Eier brauchen etwas mehr Fingerspitzengefühl als Rühr- oder Spiegeleier. Zum feinen Lachs sind sie allerdings die beste Beilage.

1 Einen Topf Wasser mit Salz und Essig zum Kochen bringen. Den Rahmspinat mit etwas Wasser in einem anderen Topf erwärmen.

2 Jedes Ei in eine Schöpfkelle schlagen und einzeln in das kochende Essigwasser gleiten lassen. Sobald sich das Eiweiß um das Eigelb legt, sind die Eier fertig.

3 Den Graved Lachs auf zwei Tellern anrichten und je 2 pochierte Eier darauf geben. Den Rahmspinat dazu genießen.

Tipp Je nach Angebot können Sie das Gericht mit geräuchertem Lachs variieren.

Riesengarnelen auf Käsespinat

Zutaten für 2 Personen

e

1 Beutel Riesengarnelenschwänze (TK-Ware) • Salz, Pfeffer 1 TL Zitronensaft • 450 g Rahmspinat (TK-Ware) • 50 g Dänischer Blauschimmelkäse (70 % F. i. Tr.) • 2 EL Olivenöl

1 Die Riesengarnelenschwänze auftauen lassen, der Länge nach durchschneiden und dabei ausnehmen. Dann kalt abspülen und mit Küchenpapier trockentupfen. Mit Salz, Pfeffer und Zitronensaft würzen.

2 Den Rahmspinat mit etwas Wasser in einem Topf erhitzen, dabei häufig umrühren. Den Käse klein schneiden.

3 Das Olivenöl in einer Pfanne erhitzen und darin die Riesengarnelen auf beiden Seiten etwa 1 Minute braten, bis sie leicht braun sind.

4 Den Käse im Spinat cremig rühren. Mit Salz und Pfeffer würzen. Auf vorgewärmte Teller geben und darauf die Riesengarnelen anrichten.

Tipp Meistens sind die Riesengarnelen bereits eingeschnitten und ausgenommen. Vorsichtshalber sollten Sie aber jede Garnele überprüfen, damit Sie beim Essen keine unangenehmen Überraschungen erleben.

Schinken-Gemüse-Pfanne

Zutaten für 2 Personen

1 Zwiebel • 1 Zucchini • 100 g frische Champignons
100 g gewürfelter Katenschinken • 4 Eier • Salz, Pfeffer

e

1 Die Zwiebel abziehen und fein würfeln. Die Zucchini waschen, vom Stielende befreien, längs vierteln und in Scheibchen schneiden.

2 Die Champignons putzen und je nach Größe vierteln oder halbieren. In einer heißen Pfanne die Schinkenwürfel auslassen.

3 Die Zwiebelwürfel einstreuen und glasig andünsten. Zucchini und Champignons mitdünsten.

4 Die Eier verschlagen und über den Pfanneninhalt gießen. Mit Salz und Pfeffer würzen. Sobald die Eier stocken, vorsichtig umrühren und sofort, am besten in der Pfanne, servieren.

Variante
Wenn Sie den Geschmack der Pilze betonen wollen, geben Sie sie vor den Zwiebel- und den Schinkenwürfeln in die Pfanne und braten sie scharf an.

Tipp Bei dieser Pfanne ist das Gemüse beliebig austauschbar – lassen Sie sich vom Angebot inspirieren.

Putenschnitzel auf Rahmgemüse

Zutaten für 2 Personen

e

2 Putenschnitzel (TK-Ware) • Salz, Pfeffer • 1 Zwiebel 1 EL Butter • 200 g H-Schlagsahne • 400 g Kaisergemüse (TK-Ware) • 2 EL Olivenöl • 1 EL Zitronensaft

Für dieses Gericht können Sie auch die Argentinischen Rindersteaks aus dem ALDI-Sortiment verwenden.

1 Die Putenschnitzel waschen und trocknen. Mit Salz und Pfeffer würzen.

2 Zwiebel abziehen und fein würfeln. In einem Topf die Butter erhitzen und darin die Zwiebel andünsten. Mit Salz und Pfeffer würzen und mit Sahne aufgießen. Gemüse zugeben und bei kleiner Hitze knappe 10 Minuten leise kochen lassen.

3 Das Olivenöl in einer Pfanne erhitzen und darin die Putenschnitzel auf jeder Seite 3 Minuten braten. Das Rahmgemüse auf zwei Teller verteilen. Daneben die Schnitzel legen und mit Zitronensaft beträufeln.

Riesengarnelen mit Whiskeyrahm

Zutaten für 2 Personen

e

250 g Riesengarnelenschwänze (TK-Ware) • Salz, Pfeffer 1 TL Zitronensaft • 1 Zucchini • 4 EL Olivenöl • 1 EL Butter 2 cl Whiskey • 100 g H-Schlagsahne • 100 g Sauerrahm

1 Riesengarnelenschwänze auftauen lassen. Am Rücken entlang einschneiden, ausnehmen, waschen und trockentupfen.

2 Die Riesengarnelen mit Salz, Pfeffer und Zitronensaft marinieren. Die Zucchini waschen, vom Stielende befreien und in Scheiben schneiden.

3 Das Olivenöl in einer Pfanne erhitzen, darin die Zucchinischeiben andünsten. Mit Salz und Pfeffer würzen.

4 Riesengarnelenschwänze kurz in heißer Butter braten. Mit Whiskey ablöschen und mit Sahne aufgießen. Sauerrahm unterrühren. Nochmals abschmecken.

5 Die Riesengarnelen auf den Zucchinischeiben anrichten.

Riesengarnelen-Lachs-Spieße auf Gemüse

Zutaten für 2 Personen

250 g Riesengarnelen (TK-Ware) • 125 g Lachsfilet (1 Stück, TK-Ware) • Salz, Pfeffer • 1 EL Zitronensaft • 1 kleine Zucchini 100 g frische Champignons • 2 große Tomaten 5 EL Olivenöl

e

1 Die Riesengarnelen auftauen, längs einschneiden und ausnehmen. Kalt abspülen und mit Küchenpapier trockentupfen. Den Lachs in etwa 1 Zentimeter große Würfel schneiden. Riesengarnelen und Lachs mit Salz, Pfeffer und Zitronensaft würzen.

2 Die Zucchini waschen, Stielende entfernen, längs vierteln und in Scheibchen schneiden. Die Champignons putzen und je nach Größe halbieren oder vierteln.

3 Die Tomaten überbrühen, abziehen, entkernen und in Streifen schneiden. In einer Pfanne die Hälfte Olivenöl erhitzen und darin das Gemüse andünsten. Mit Salz und Pfeffer würzen.

4 Lachs und Riesengarnelen auf zwei Schaschlikspieße stecken. Restliches Olivenöl in der Pfanne erhitzen und darin die Spieße rundherum braten.

5 Das Gemüse auf zwei Teller verteilen und die Spieße dazu anrichten.

Den Fisch sollten Sie nicht allzu lange in der Pfanne lassen. Schneiden Sie daher das Gemüse so dünn, dass es so durchgart, wie Sie es wünschen.

Für den Hunger zwischendurch

Hier können Sie sich Anregungen holen, um etwas Abwechslung auf Ihren Frühstückstisch zu bringen. Auch für einen ausgedehnten Brunch mit Freunden oder für kleine und größere Snacks können Sie sich auf den folgenden Seiten inspirieren lassen.

Salatrollen mit Tomatenquark

Zutaten für 2 Personen

250 g Speisequark mit Sahne (40 % F. i. Tr.) • 1 EL Tomatenmark • 1 EL Olivenöl • Salz, schwarzer Pfeffer
100 g schwarze Oliven • 8–12 große Kopfsalatblätter

n

1 Den Speisequark mit Tomatenmark und Olivenöl cremig rühren. Mit Salz und Pfeffer würzen. Die Oliven entkernen und in Streifen schneiden.
2 Die Salatblätter waschen, trockenschwenken und dicke Blattrippen flach schneiden. Die Blätter auf einer Arbeitsfläche auslegen.
3 Den Tomatenquark längs auf den Salatblättern verteilen und mit den Olivenstreifen bestreuen. Die Salatblätter vorsichtig aufrollen und auf einem Servierteller anrichten.

Ein Hingucker auf jeder Party: Salatrollen mit Tomatenquark sind dekorativ, schmecken gut und stillen den kleinen Hunger zwischendurch.

Tipp Servieren Sie zusätzlich Oliven oder gebratenes Gemüse, und würzen Sie den Tomatenquark außerdem mit frischen Kräutern.
Wenn Sie zu den Salatrollen Ciabatta servieren, wird aus dem Gericht eine Kohlenhydratmahlzeit.

Olivenbrot mit Bärlauchpesto

Zutaten für 2 Brote

k

500 g Mehl • 1 Päckchen Trockenhefe • 1 Prise Zucker
200 ml lauwarmes Wasser • 100 g schwarze Oliven
100 ml Olivenöl • 1 TL Salz • 1 TL getrockneter Thymian
Für das Pesto: 1 Bund frischer Bärlauch • 1 TL Meersalz
100 ml Olivenöl

Bärlauch hat einen leicht knoblauchartigen Geschmack und eignet sich somit ideal zur Herstellung der italienischen Kräuterpaste, die im Original mit Basilikum und Knoblauch bereitet wird.

1 Mehl in eine Schüssel sieben, mit dem Handrücken eine Mulde formen und die Hefe einbröckeln. Mit Zucker bestreuen und mit Wasser begießen. Mit einem Küchentuch abdecken und etwa 30 Minuten ruhen lassen.

2 In der Zwischenzeit den Bärlauch waschen, trockenschwenken und sehr fein hacken. Mit Meersalz und Olivenöl verrühren. Bis zum Servieren in den Kühlschrank stellen.

3 Die Oliven entkernen und vierteln. Den Vorteig mit Olivenöl, Salz, Thymian und Oliven zu einem elastischen Teig verkneten. Den Teig halbieren und zu 2 Laiben formen. Mit einem Tuch abdecken und 30 Minuten ruhen lassen.

4 Den Backofen auf 240 °C (Umluft 220 °C, Gas Stufe 5–6) vorheizen und ein Backblech mit Backpapier auslegen. Die Brotlaibe auf das Backblech geben und mit Wasser bepinseln. Im Ofen in etwa 25 Minuten backen. Etwa 1 Stunde auskühlen lassen und dann mit Bärlauchpesto servieren.

TIPP Als Brotaufstriche eignen sich auch Käse ab 45 % F. i. Tr., Quark ab 45 % F. i. Tr. und Olivenpüree. Den Bärlauch bekommen Sie zwar nicht bei ALDI, aber oft kann man ihn einfach frisch pflücken.

Bruncheller mit Wassermelonen

Zutaten für 2 Personen

1/2 Wassermelone • 250 g aufgetaute Riesengarnelenschwänze (TK-Ware) • Salz, schwarzer Pfeffer • 1 Zucchini 100 g Sauerrahm/Schmand • 1 EL Zitronensaft 1/2 TL Currypulver • 2 Knoblauchzehen • 6 EL Olivenöl

e

1 Die Wassermelone schälen, entkernen und in dünne, halbe Spalten schneiden. Die Riesengarnelen mit Salz und Pfeffer würzen.

2 Die Zucchini waschen, vom harten Stielende befreien und in dünne Scheiben schneiden. Mit Salz und schwarzem Pfeffer würzen.

3 Den Sauerrahm mit Salz, Pfeffer, Zitronensaft und Currypulver verrühren. Den Knoblauch abziehen und fein würfeln.

4 Die Hälfte des Olivenöls in einer Pfanne erhitzen und darin die Zucchinischeiben auf beiden Seiten knusprig braten. Anschließend herausnehmen und auf Küchenpapier entfetten.

5 In derselben Pfanne das restliche Olivenöl erhitzen und darin die Knoblauchwürfel andünsten. Die Riesengarnelen dazugeben und unter mehrmaligem Wenden etwa 5 Minuten durchbraten.

6 Auf zwei großen Tellern Melonenspalten, Zucchini und Riesengarnelen anrichten. Auf die Tellermitte den Sauerrahm verteilen und mit Currypulver bestäuben.

Ein leichter, eiweißreicher Snack. Wenn Sie es etwas süßer und fruchtiger mögen, ersetzen Sie die Wasser- durch eine Honig- oder Netzmelone.

Tipp Beim Brunch kann der Knoblauch auch weggelassen werden. Zusätzlich können Sie die angerichteten Brunchteller mit frischem Gemüse wie Tomaten, Fenchel oder Champignons garnieren.

Spiegeleier im Tomatenbett

e

Zutaten für 2 Personen

1 Dose geschälte Tomaten (425 g) • 50 g Koch-Hinterschinken • 1 Zwiebel • 1 EL Butter • Salz, weißer Pfeffer • 2 Eier edelsüßes Paprikapulver

Sie können auch eine backofengeeignete Pfanne verwenden, die Spiegeleier mit Gouda oder Käse Ihrer Wahl belegen und bei Grillstufe überbacken.

1 Die Tomaten aus der Dose nehmen, etwas kleiner schneiden und wieder zurück in den Saft legen. Den Schinken klein würfeln.

2 Die Zwiebel abziehen und fein würfeln. In einer Pfanne die Butter erhitzen und darin die Zwiebel- und Schinkenwürfel andünsten.

3 Die Tomaten mit Saft hinzufügen und 5 bis 8 Minuten einkochen lassen. Mit Salz und Pfeffer würzen.

4 Eier nacheinander in die Pfanne schlagen. Stocken lassen, kurz den Deckel auf die Pfanne setzen. Mit Salz, Pfeffer und Paprika bestreuen. In der Pfanne servieren.

Würzige Blätterteigschneckchen

k

Zutaten für etwa 22 Stück

1 Packung Blätterteig (TK-Ware) • 2 EL Olivenöl • 1 EL Tomatenmark • 1 EL Tomatenketchup • Salz, weißer Pfeffer 2 EL flüssige Butter • 1 Eigelb

1 Den Blätterteig auseinander rollen. Olivenöl mit Tomatenmark sowie Tomatenketchup gut verrühren. Die gesamte Blätterteigfläche damit bestreichen und mit Salz und Pfeffer würzen.

2 Den Blätterteig aufrollen und mit einem Messer etwa 1 Zentimeter dicke Scheiben abschneiden.

Das Backblech mit etwas Butter einfetten. Die restliche Butter mit dem Eigelb verrühren.

3 Die Blätterteigschneckchen gleichmäßig mit dieser Mischung bepinseln und nebeneinander auf das Backblech setzen. Das Backblech in den auf 220 °C (Umluft 200 °C, Gas Stufe 4–5) vorgeheizten Ofen schieben und die Blätterteigschneckchen in 20 Minuten goldgelb und knusprig backen.

Schinkenmelone in Joghurt

Zutaten für 2 Personen

1 Melone (Honig- oder Galiamelone, je nach Angebot)
200 g luftgetrockneter Bauernschinken • 250 g cremiger Joghurt • (1/2 Becher) • Salz, weißer Pfeffer
Nach Angebot: Schnittlauch oder 1 Bund frische Kräuter

1 Die Melone vierteln, dann schälen und entkernen. Anschließend zuerst in Spalten schneiden und dann quer halbieren. Jedes Melonenstück mit 1 Scheibe Schinken umwickeln und je nach Belieben mit einem Hölzchen fixieren.

2 Den Joghurt mit Salz und Pfeffer kräftig würzen. Den Schnittlauch waschen, in Röllchen schneiden und unter den Joghurt mischen.

3 Auf zwei großen Tellern den Joghurt jeweils in der Mitte verteilen. Die fertigen Schinkenmelonen rund um den Joghurt hübsch anrichten oder nebeneinander in den Joghurt setzen.

Wenn Sie die Auswahl haben, können Sie die Kräuter beliebig variieren. Besonders delikat ist frisches Basilikum.

TIPP Dippen Sie die Schinkenmelonen in den Joghurt, und genießen Sie dazu eine Flasche Prosecco aus dem ALDI-Regal.

Überbackene Gemüseplätzchen

Zutaten für 2 Personen

k

100 g Blumenkohlröschen • 150 g Brokkoliröschen • Salz
3 Eigelbe • 5 EL Weißwein • 60 g Butter • weißer Pfeffer
3 Scheiben Buttertoast

Tipp
Probieren Sie als Variante zum weißen Blumenkohl einmal die violette Sorte. Dieser Blumenkohl schmeckt etwas milder.

1 Blumenkohl und Brokkoli putzen und waschen. Dann in kochendes Salzwasser legen und etwa 3 Minuten kochen. In ein Sieb gießen, mit kaltem Wasser überbrausen und abtropfen lassen.

2 Den Backofen auf 220 °C (Umluft 200 °C, Gas Stufe 4–5) vorheizen. In einem Topf Wasser erhitzen und in einer etwas kleineren hitzebeständigen Schüssel Eigelbe und Weißwein verrühren.

3 Die Schüssel in das Wasserbad stellen und die Eigelbe cremig schlagen. Die Schüssel herausnehmen und die Creme kurz kalt schlagen.

4 Die Butter in einem Topf erhitzen, bis sie flüssig ist. Anschließend teelöffelweise unter die

Als noch niemand von Chicorée und Rucola sprach, war er schon ein Klassiker in der deutschen Gemüseküche: der Blumenkohl.

Eiercreme schlagen. Mit Salz und Pfeffer würzen.

5 Die Toastscheiben jeweils in 4 Teile schneiden und in eine Auflaufform setzen. Blumenkohl- und Brokkoliröschen auf den Buttertoastvierteln anrichten und mit Sauce überziehen. Im Backofen in etwa 8 Minuten überbacken.

TIPP Natürlich können Sie das Gemüse auf ganzen Scheiben anrichten. Doch so, wie im Rezept beschrieben, werden sie zu kleinen Plätzchen, die mit einer Serviette aus der Hand gegessen werden können.

Griechische Brötchen

Zutaten für 2 Personen

2 Knoblauchzehen • 150 g milder Joghurt • Salz, schwarzer Pfeffer • 50 g Oliven mit Paprikafüllung • 1 kleine Zwiebel 100 g Salatgurke • 2 Baguettebrötchen

k

1 Knoblauch abziehen und durch eine Presse in den Joghurt drücken. Mit Salz und Pfeffer würzen. Die Oliven halbieren oder vierteln. Die Zwiebel abziehen und in dünne Ringe schneiden.

2 Die Salatgurke waschen und in dünne Scheibchen schneiden. Die Baguettebrötchen der Länge nach tief ein-, aber nicht durchschneiden.

3 Die unteren Brötchenhälften mit etwas Joghurt bestreichen und darauf die Gurkenscheiben legen. Den restlichen Joghurt mit Oliven verrühren und in die Brote füllen.

4 Die Zwiebelringe darauf verteilen und die Brötchen leicht zusammendrücken. In Servietten gehüllt aus der Hand essen.

Das griechische Tzatziki wird noch cremiger, wenn Sie dazu Joghurt mit Speisequark vermischen.

Gefrorener Tomatenjoghurt

e

Zutaten für 2 Personen

2 Tomaten • 500 g cremiger Joghurt • 1 EL Tomatenmark
1 TL Zitronensäure • Salz, weißer Pfeffer • edelsüßes Paprikapulver

Tipp
Servieren Sie den Tomatenjoghurt in kleinen Schalen bei einem Menü als Zwischengang.

1 Die Tomaten überbrühen, abziehen, entkernen und das Fruchtfleisch in sehr kleine Würfel schneiden.

2 Joghurt mit Tomatenmark, Zitronensäure, Salz, Pfeffer und Paprika verrühren. Tomatenwürfel unterheben.

3 Den Tomatenjoghurt in zwei Schalen füllen und für etwa 1 Stunde in den Gefrierschrank stellen.

Gemüseknabbereien mit warmem Käsedip

n

Zutaten für 2 Personen

1 Zucchini • 2 Möhren • 10 Champignons • 1 Fenchel
100 g Dänischer Esrom • 50 g H-Schlagsahne • 100 g Kräuterfrischkäse (Fäßchen, 70 % F. i. Tr.) • Salz, weißer Pfeffer

1 Die Zucchini waschen, vom Stielende befreien und in Stäbchen schneiden. Die Möhren schälen, der Länge nach vierteln und ebenfalls in Stücke schneiden.

2 Die Champignons mit einem Tuch leicht abreiben und putzen. Den Fenchel putzen, vierteln und klein schneiden.

3 Den Esrom in sehr kleine Stücke schneiden. In einem Topf die Sahne erhitzen und darin den Esrom cremig rühren. Zuletzt den Kräuterkäse hinzufügen und zu einem cremigen Dip rühren.

4 Das Gemüse dekorativ auf zwei großen Tellern anrichten und die warme Käsesauce in Portionsschalen zum Dippen füllen.

TIPP Wenn Sie Grissini, die auch immer wieder in Wochenangeboten bei ALDI erhältlich sind, zum Dippen dazu servieren, haben Sie eine Kohlenhydratmahlzeit.

Nusscrêpes mit Möhrenfrischkäse

Zutaten für 2 Personen

100 g Mehl • 3/8 l Milch • 3 Eigelbe • 50 g gemahlene Haselnüsse • 1 TL Zucker • Salz • 50 g Butter

Für den Möhrenfrischkäse: 1 Möhre • 150 g Frischkäsezubereitung (60 % F. i. Tr.) • 5 EL Milch • Salz, schwarzer Pfeffer

k

1 Mit einem elektrischen Handrührgerät das Mehl mit Milch, Eigelben, Haselnüssen, Zucker und 1 Prise Salz klumpenfrei verrühren.

2 Die Butter in einer Pfanne portionsweise erhitzen und 6 dünne Crêpes backen. Auf eine Servierplatte legen und im Backofen warm halten.

3 Die Möhre schälen und mit einer Kuchenreibe grob raspeln. Den Frischkäse mit der Milch cremig rühren. Die Möhrenraspel untermengen und mit Salz und Pfeffer würzen.

4 Nach Belieben den Möhrenfrischkäse auf den Crêpes verstreichen und aufrollen.

Ersetzen Sie einen Teil des Mehls durch Buchweizenmehl: So werden die Crêpes dunkler und kräftiger.

TIPP Die Nusscrêpes schmecken gut zum Frühstück und zum Brunch. Sie können unter den Frischkäse auch geraspelte Zucchini oder gewürfelten Stangensellerie mischen.

Warme Käsehappen

Zutaten für 2 Personen

k

1 Kräuterbaguette • 100 g H-Schlagsahne • 100 g geriebener Emmentaler (45 % F. i. Tr.)

1 Das Kräuterbaguette in mundgerechte Stücke schneiden und auf ein Backblech legen. Im Ofen bei 200 °C (Umluft 180 °C, Gas Stufe 3–4) etwa 5 bis 8 Minuten backen.
2 Inzwischen in einem Topf die Sahne erhitzen. Den Käse einstreuen und cremig rühren.
3 Den Topf mit der fertigen Käsecreme auf den Tisch stellen. Die Baguettestücke einzeln auf Fonduegabeln stecken und in die heiße Käsesauce dippen.

Tipp Sie können in die Käsecreme auch zurechtgeschnittenes Gemüse der Saison dippen. Dieses schnelle Rezept eignet sich besonders für kalte Tage. Auch andere Käsesorten ab 45 % F. i. Tr. können Sie für die heiße Dipsauce verwenden.

Bananenquark

Zutaten für 2 Personen

k

250 g Speisequark mager • 1 EL Zucker • 2 EL Sultaninen 2 Bananen • 1 Prise gemahlener Zimt

Tipp
Bestreuen Sie den Quark zusätzlich mit Zerealien.

1 Den Magerquark mit Zucker und Sultaninen verrühren.
2 Die Bananen schälen und mit einer Gabel zerdrücken. Unter den Quark rühren und das Ganze in zwei Schüsselchen verteilen. Mit etwas Zimt bestäuben.

Coleslaw mit Walnüssen

Zutaten für 2 Personen

250 g Möhren • 250 g Weißkohl • 1 Eigelb • 1 TL scharfer Senf
100 ml Olivenöl • 50 g Walnüsse • Salz, Pfeffer

e

1 Die Möhren schälen und auf der Küchenreibe fein hobeln. Den Weißkohl waschen und ebenfalls hobeln. Beides in einer Schüssel vermengen.

2 Mit einem elektrischen Handrührgerät Eigelb mit Senf cremig rühren. Langsam mit dem Olivenöl zu einer cremigen Sauce verrühren. Die Walnüsse grob hacken und unterrühren. Mit Salz und Pfeffer würzen.

3 Den Salat gleichmäßig mit der Walnusssauce übergießen, das Ganze locker vermischen und sofort genießen.

Variante
Statt Weißkohl Chinakohl verwenden.

Tipp Dieser Salat ist ein idealer Vitaminspender – auch für zwischendurch.

Gemischter Fruchtquark

Zutaten für 2 Personen

100 g Weintrauben • 1 Apfel • 1 Birne • 1 EL Zitronensaft
250 g Sahnespeisequark • 4 EL Milch • 2 EL Mandelblättchen

e

1 Die Weintrauben entstielen, waschen und je nach Größe quer halbieren. Den Apfel und die Birne schälen, entkernen, raspeln und sofort mit Zitronensaft beträufeln.

2 Den Quark mit Milch cremig rühren. Das vorbereitete Obst unter den Quark heben, in Schüsselchen verteilen und mit Mandelblättchen bestreuen.

Bohnenbündel mit Tomatencocktail

e

Zutaten für 4 Personen

400 g frische Bohnen • Salz • ca. 16 Scheiben Parmaschinken • Pfeffer • 250 g passierte Tomaten (Tetra Pak)
1 EL H-Sauerrahm

Je nach Belieben können Sie die Bohnen größer oder kleiner bündeln. Dieser Snack ist ideal für die Gästebewirtung geeignet.

1 Die Bohnen putzen und waschen. In kochendes Salzwasser legen und in einigen Minuten bissfest garen. Abgießen, mit kaltem Wasser abschrecken und abtropfen lassen.

2 Etwa 4 bis 5 Bohnen mit 1 Scheibe Parmaschinken fest umwickeln und auf zwei großen Tellern hübsch anrichten. Mit Pfeffer bestreuen.

3 Die passierten Tomaten mit Salz und Pfeffer würzen. In zwei hohe Gläser je 4 Eiswürfel geben und mit Tomaten auffüllen. Einige Minuten stehen lassen, bis sich die Eiswürfel etwas verflüssigt haben und mit einem Löffel verrührt werden können. Mit 1 Klecks Sauerrahm garnieren und zusammen mit den Bohnenbündeln servieren.

Tomatenkäse mit Ciabatta

k

Zutaten für 2 Personen

100 g Cocktailtomaten • 200 g Feta (45 % F. i. Tr.)
4 Knoblauchzehen • 6–8 EL Olivenöl • 1 Ciabatta
Salz, Pfeffer

1 Die Cocktailtomaten entstielen, waschen und trockentupfen. Den Käse abtropfen lassen und in etwa 1 Zentimeter große Würfel schneiden.

2 Die Knoblauchzehen abziehen und durch eine

Presse drücken. Mit Olivenöl verrühren. Das Brot in Scheiben schneiden und mit Knoblauchöl bestreichen. Mit Salz und Pfeffer bestreuen.

3 Die Brotscheiben auf ein Backblech legen und im vorgeheizten Backofen bei 200 °C (Umluft 180 °C, Gas Stufe 3–4) goldgelb rösten.

4 Je 1 Tomate mit 1 Käsewürfel auf einen Cocktailspieß stecken und auf einem Servierteller hübsch anrichten. Dazu die Brotscheiben genießen.

Champignonrühreier zum Frühstück

Zutaten für 2 Personen

100 g frische Champignons (ersatzweise aus dem Glas)
1 Tomate • 1 Zwiebel • 50 g geräucherte Speckwürfel
1 EL Butter • 3 Eier • 2 EL Milch • Salz, Pfeffer

e

1 Die Champignons mit einem feuchten Tuch abreiben und feinblättrig schneiden. Die Tomate überbrühen, abziehen, entkernen und in Streifen schneiden.

2 Die Zwiebel abziehen und fein würfeln. In einer heißen Pfanne die Speckwürfel auslassen. Die Zwiebelwürfel darin dünsten.

3 Die Champignons, die Tomatenstreifen sowie die Butter hinzufügen. Die Eier mit der Milch verquirlen und in die Pfanne gießen.

4 Die Eier kurz stocken lassen und dabei mit Salz und Pfeffer würzen. Die Pfanne vom Herd nehmen, den Inhalt vorsichtig umrühren und sofort servieren.

Variante
Statt Champignons können Sie Austernpilze verwenden. Diese sollten Sie aber vor dem Speck und den Zwiebeln in die Pfanne geben.

Tipp Für einen kraftvollen Start in den Tag genießen Sie dazu ein Glas frisch gepressten Orangensaft.

Etwas Süßes braucht der Mensch

Was gibt es Schöneres als einen süßen Desserttraum als Abschluss einer Mahlzeit? Eine Vorliebe für Süßes muss nicht bedeuten, dass die Figur darunter leidet. Es kommt eben immer nur auf die richtige Kombination von Lebensmitteln an, und die wird Ihnen bei den folgenden Rezepten ganz leicht gemacht.

Joghurt rotweiß

Zutaten für 2 Personen

1 Schale frische Himbeeren (etwa 250 g) • 1 TL Zitronensäure
500 g cremiger Joghurt

e

1 Die Himbeeren putzen, vorsichtig waschen und trockentupfen.

2 Etwa 200 Gramm Himbeeren zusammen mit der Zitronensäure mit dem Mixstab pürieren. Die Hälfte Joghurt mit dem Himbeerpüree verrühren.

3 Den restlichen Joghurt abwechselnd mit dem roten Joghurt in hohe Glasschalen einschichten, so dass rotweiße Bänder von 1 bis 2 Zentimeter Dicke entstehen.

4 Die beiden Gläser für etwa 1 Stunde in den Gefrierschrank stellen. Kurz vor dem Servieren mit den frischen Himbeeren dekorieren.

TIPP Dieser optisch sehr schöne Nachtisch kann ebenso mit Johannisbeeren, Kirschen oder Aprikosen hergestellt werden.

Krönender Abschluss eines Menüs ist solch ein Zitronenquark mit Mandelblättchen (Rezept siehe Seite 120). Die Zitronenmelisseblättchen können Sie nach Belieben als Blickfang dazugeben.

Frostiger Schokoquark

Zutaten für 2 Personen

k

5 EL Sahne • 3 Süßstofftabletten • 250 g Speisequark mit Sahne • 1 EL Kakaopulver

1 Die Sahne mit den Süßstofftabletten verrühren, bis diese aufgelöst sind. Mit Speisequark und Kakaopulver cremig rühren.

2 Den Schokoquark in zwei Dessertschalen füllen und für etwa 1 Stunde zugedeckt in das Gefrierfach stellen.

Ein Espresso nach dem Essen ist nicht nur ein kulinarischer Genuss, er ist auch magenfreundlicher als Filterkaffee.

Tipp Der frostige Schokoquark schmeckt mit einem Espresso einfach himmlisch.
Süßstoff ist in der Trennkost eigentlich nicht erlaubt. Strenge Trennköstler bereiten den Quark deshalb einfach ohne Süßstoff zu und geben zur Dekoration süße, saftige Früchte dazu. Dann wird das Gericht eiweißreich.

Melonenkörbchen mit Vanilleprobiotic

Zutaten für 2 Personen

e

1 Honigmelone (auch andere Sorte, je nach Angebot)
100 g Erdbeeren • 200 g probiotischer Joghurt Vanille
2 EL Mandelblättchen

1 Die Honigmelone mit einem Zickzackschnitt quer halbieren. Die Kerne entfernen und mit einem Kugelausstecher Melonenkugeln aus dem Fruchtfleisch schneiden.

2 Restliches Fruchtfleisch aus den Melonenhälften lösen, eventuell für ein anderes Rezept aufheben.

3 Die Erdbeeren entstielen, waschen, trockentupfen und je nach Größe halbieren oder vierteln.

4 Die Melonenhälften zurechtschneiden, dass sie gut stehen können. Dann Melonenkugeln und Erdbeeren einfüllen.

5 Den Vanillejoghurt cremig verrühren und löffelweise dekorativ über die Früchte ziehen. Mit den Mandelblättchen (oder anderen gehackten Nüssen) bestreut servieren.

TIPP Diese Melonenkörbchen sind sehr hübsch anzusehen und deshalb ideal für die Gästebewirtung. Dazu schmeckt ein Gläschen Champagner aus dem ALDI-Weinregal. Sie können auch einen Schuss über die Früchte gießen und den Joghurt weglassen.
Das übrig gebliebene Melonenfleisch können Sie pürieren und mit Mineralwasser oder Sekt aufgießen, so erhalten Sie ein leichtes, fruchtiges Getränk.

Der Champagner von ALDI kann mit den teueren Sorten ohne weiteres mithalten. Bei Blindverkostungen haben ihn renommierte Tester oft auf die vordersten Plätze gesetzt.

Bratäpfel im Weinsud

Zutaten für 2 Personen
2 schöne Äpfel • 1/8 l trockener Weißwein • 200 g probiotischer Joghurt Vanille • 1 EL Mandelblättchen

e

1 Die Äpfel waschen und mit einem Rundausstecher die Kerngehäuse großzügig ausstechen.

2 Die Äpfel in eine Auflaufform setzen und mit Weißwein begießen. In den auf 220 °C (Umluft 200 °C, Gas Stufe 4–5) vorgeheizten Ofen schieben und etwa 30 Minuten backen. Zwischendurch mit der austretenden Flüssigkeit beträufeln.

3 Die Äpfel auf 2 Teller verteilen und mit etwas Weinsud beträufeln. In die Mitte den Vanillejoghurt einfüllen und mit Mandeln garnieren.

Fruchtsalat mit Joghurt

Zutaten für 2 Personen

e

1 Birne • 1 Apfel • 1 Orange • 200 g blaue und weiße Trauben (oder 500 g gemischte frische Früchte nach ALDI-Angebot) 150 g milder Joghurt

1 Die Früchte waschen. die Birne und den Apfel schälen, entkernen und in kleine Stücke schneiden. Die Orange schälen, dabei auch die weiße Haut entfernen und aus dem Fruchtfleisch Filets herausschneiden. Restliches Fruchtfleisch auspressen.

2 Die Trauben entstielen, waschen und je nach Größe halbieren.

3 Die Früchte zusammen mit dem Orangensaft in einer Schüssel gründlich vermischen. Den Joghurt verrühren und löffelweise vorsichtig darüber ziehen.

TIPP Für den Fruchtsalat können Sie alle Obstsorten verwenden. Nur Bananen sind hier nicht geeignet, da sie zu den kohlenhydratreichen Lebensmitteln zählen.

Zitronenquark mit Mandelblättchen

Zutaten für 2 Personen

e

1 Zitrone • 250 g Speisequark mit Sahne (oder nach Wahl) 1 TL Kakaopulver • 50 g Mandelblättchen

Zum Zitronenquark passt eine Tasse Cappuccino hervorragend.

1 Die Zitrone heiß abwaschen und mit Küchenpapier sorgfältig trockenreiben. Mit einem Sparschäler etwa 1 Esslöffel feinste Streifen von der Zitronenschale abziehen.

2 Die Zitrone halbieren und eine Hälfte auspressen. Den Zitronensaft mit dem Speisequark cremig rühren. Dann die Zitronenstreifen vorsichtig unterrühren.

3 Den Zitronenquark in Dessertschalen füllen und mit Kakaopulver bestäuben. Die Mandelblättchen darüber streuen.

Gebratene Bananen mit Mandeln

Zutaten für 2 Personen

2 Bananen • 2 EL Butter • 50 g Mandeln • 1 EL Waldhonig

1 Die Bananen schälen, einmal quer und einmal längs halbieren.

2 Die Butter in einer Pfanne erhitzen. Die Bananen darin von allen Seiten anbraten.

3 Die Mandeln einstreuen und das Ganze 2 Minuten weiterbraten.

4 Zuletzt den Honig darüber träufeln, kurz durchschwenken und in der Pfanne servieren.

k

Dieses Dessert schmeckt auch ohne Honig, denn die Bananen enthalten genügend Fruchtzucker.

Der Deutschen beliebtestes Obst: Bananen schmecken am besten, wenn sie schön gelb sind, leicht glänzen und gerade die ersten braunen oder schwarzen Flecken bekommen.

Champagnerbad

Zutaten für 2 Personen

1/2 Wassermelone • 1 Flasche eisgekühlter Champagner

e

Falls Ihnen der Champagner zu schade ist: Für das Dessert tut's auch ein normaler Sekt, wenn er halbwegs trocken ist.

1 Die Wassermelone entkernen und das Fruchtfleisch vorsichtig aus der Schale lösen.

2 Etwa die Hälfte des Fruchtfleischs in mundgerechte Stücke schneiden und wieder zurück in die ausgehöhlte Schale geben.

3 Den Champagner in die Melonenhälfte gießen. Direkt aus der Schale löffeln.

TIPP Das Champagnerbad schmeckt herrlich prickelnd und ist in einer lauen Sommernacht ideal.

Roter Frischkäse

Zutaten für 2 Personen

250 g Erdbeeren • 200 g kerniger Frischkäse • 1 TL Zitronensäure

e

1 Die Erdbeeren entstielen, waschen und trockentupfen. 4 Stück zur Dekoration zurückbehalten und die restlichen mit einem Mixstab fein pürieren.

2 Das Erdbeermus mit Hüttenkäse und Zitronensaft vermengen und glatt rühren.

3 Den roten Frischkäse in zwei Dessertschalen verteilen. Die zurückbehaltenen Erdbeeren halbieren und darauf anrichten.

TIPP Dieses Rezept können Sie mit anderen Früchten wie Pfirsichen oder Johannisbeeren variieren.

Weißweinbirnen mit Käsecreme

Zutaten für 2 Personen

150 g Dänischer Blauschimmelkäse • 100 g H-Schlagsahne
2 Birnen • 1/8 l trockener Weißwein

e

1 Den Blauschimmelkäse zerkleinern. In einem Topf die Sahne erhitzen und darin den Käse cremig rühren. Den Topf beiseite ziehen.

2 Die Birnen schälen, der Länge nach vierteln und entkernen. In einen Topf legen, mit Weißwein begießen und 5 bis 8 Minuten leise kochen lassen.

3 Die Birnen mit Sud in eine feuerfeste Form geben und mit der Käsecreme überziehen. In den Ofen schieben und bei 200 °C (Umluft 180 °C, Gas Stufe 3–4) kurz gratinieren. Sofort servieren.

Variante
Statt Weißwein Birnensaft und etwas Birnenschnaps verwenden.

TIPP Zusätzlich können Sie unter die Käsecreme Sultaninen mischen.

Fruchtiges Sahnemus

Zutaten für 2 Personen

1 Orange • 2 Kiwis • 1 Apfel • 200 g H-Schlagsahne
50 g Mandelblättchen

e

1 Orange auspressen. Kiwis schälen, vierteln und in Scheibchen schneiden. Apfel schälen, entkernen und grob stifteln.

2 Die Sahne steif schlagen und den Orangensaft unterrühren. Die Kiwis und die Apfelstifte unterheben.

3 Das Sahnemus in zwei Schalen füllen und großzügig mit Mandelblättchen bestreuen.

Gratinierte Pfirsiche

Zutaten für 2 Personen

e

4 Pfirsichhälften (Dose) • 100 g cremiger Joghurt • 50 g gemahlene Haselnüsse • 50 g Rosinen • 1 EL weiche Butter

Fester wird der Auflauf, wenn Sie dem Joghurt ein steif geschlagenes Eiweiß beigeben.

1 Die Pfirsichhälften kurz abtropfen lassen und in eine feuerfeste Form legen. Den Joghurt mit Nüssen und Rosinen verrühren.

2 Die Joghurtcreme in die Pfirsichhälften füllen und mit Butterflöckchen belegen. Im Backofen bei Grillstufe 5 bis 8 Minuten gratinieren.

Tipp Frische Pfirsiche sind oft sehr hart, daher sind Dosenpfirsiche für diese Nachspeise zu empfehlen.

Mandel-Nuss-Joghurt mit Bananen

Zutaten für 2 Personen

k

50 g Haselnüsse • 50 g Mandelblättchen • 500 g cremiger Joghurt • 1 Banane

1 Haselnüsse und Mandelblättchen in ein Küchentuch wickeln und mit dem Fleischklopfer zerkleinern. Nüsse und entstandenes Nussmehl in den Joghurt rühren.

2 Die Banane schälen und mit der Gabel zermusen. Das Bananenmus unter den Nussjoghurt rühren. In zwei Dessertschalen verteilen und sofort genießen.

Tipp Dieser energiespendende Nussjoghurt schmeckt als Frühstück, als Zwischenmahlzeit oder als Nachspeise hervorragend.

Joghurtorangen

Zutaten für 2 Personen

2 große Orangen • 1/2 Becher cremiger Joghurt (250 g)

e

1 Die Orangen waschen und trockenreiben. Quer halbieren und das Fruchtfleisch vollständig herauslösen.

2 Orangenfleisch klein würfeln, unter den Joghurt mischen und in die Orangenhälften füllen.

3 Die gefüllten Orangen für einige Stunden in das Tiefkühlfach legen. Vor dem Servieren etwa 5 Minuten antauen lassen.

Das Kühlen im Tiefkühlfach können Sie sich sparen, wenn Sie die Hälfte des Joghurts durch Speiseeis ersetzen.

TIPP Probieren Sie dieses Rezept auch einmal mit Zitronen aus.

Erdbeerquark

Zutaten für 2 Personen

500 g Erdbeeren • 250 g Speisequark mager • 1/2 TL Zitronensaft • 2 EL Milch

e

1 Die Erdbeeren entstielen, waschen und trockentupfen. Größere Erdbeeren kleiner schneiden.

2 Den Speisequark zusammen mit Zitronensaft, Milch und Erdbeeren in die Küchenmaschine geben und fein pürieren. Den Erdbeerquark in Portionsschalen verteilen und sofort servieren.

TIPP Lassen Sie den Erdbeerquark nicht zu lange stehen, damit keine Vitamine verloren gehen. Sie können ihn zusätzlich mit frischen Erdbeeren oder mit Mandelblättchen garnieren.

Impressum
Der Südwest Verlag ist ein Unternehmen der Econ Ullstein List Verlag GmbH & Co. KG München.

5. Auflage 2001

Redaktion: Christian Hilt, Bettina Stambader
Projektleitung: Dr. Alex Klubertanz
Redaktionsleitung: Dr. med. Christiane Lentz
Bildredaktion: Ute Schoenenburg
Produktion: M. Metzger (Leitung), A. Aatz, Dr. E. Weigele-Ismael
Umschlag: Matthias Liesendahl, München
Layout: Wolfgang Lehner
DTP: Matthias Liesendahl

Printed in Italy.
Gedruckt auf chlor- und säurearmem Papier

ISBN 3-517-08136-1

Über die Autorin

Rose Marie Donhauser absolvierte drei gastronomische Ausbildungen, u.a. als Köchin im Hotel Hilton International in München. Nach weiteren kulinarischen Erfahrungen in internationalen Hotels verfasst sie seit 1988 Kochbücher und hat bisher über 40 Titel veröffentlicht.

Literatur

Fronek, Heidrun: Party mit ALDI. Südwest Verlag. 2. Auflage, München 1999
Fronek, Heidrun: Kochen mit ALDI. Südwest Verlag. 6. Auflage, München 1999
Hammelmann, Iris/Müller, Norbert: Ingwer. Südwest Verlag. München 1998
Müller, Norbert: Zucchini, Tomaten, Kürbis. Südwest Verlag. München 1999
Roßmeier, Armin/Fronek, Heidrun: Das große Buch der leichten Küche. Südwest Verlag. München 1998
Kranz, Brigitte: Früchte – der gesunde Genuss. Südwest Verlag. München 1997

Hinweis

Das vorliegende Buch ist sorgfältig erarbeitet worden. Dennoch erfolgen alle Angaben ohne Gewähr. Weder Autorin noch Verlag können für eventuelle Nachteile oder Schäden, die aus den im Buch gemachten praktischen Hinweisen resultieren, eine Haftung übernehmen.

Bildnachweis

Albrecht Dirk, Meinerzhagen: Titel, 20, 32, 54, 64, 76, 83, 102, 116; Kerth Ulrich, München: 39, 108, 121; Südwest Verlag, München: 9, 46, 59 (R. Hofmann), 17 (Karl Newedel); Tony Stone, München: 1 (Chris Harvey), 4 (Scott Orazem), 25 (Steve Bly); Transglobe, Hamburg: 90 (Jürgen Held)

Sachregister

Rezepteregister